《中国语学文库》

总 主 编：邢福义
副总主编：汪国胜 朱 斌

基于语用视角的汉语语句重音研究

A Study of Sentential Accent in Chinese Discourse from the Perspective of Pragmatics

章礼霞◎著

中国出版集团
世界图书出版公司
广州·上海·西安·北京

图书在版编目（CIP）数据

基于语用视角的汉语语句重音研究 / 章礼霞著 . —广州：世界图书出版广东有限公司, 2014.9

ISBN 978-7-5100-8657-1

Ⅰ . ①基… Ⅱ . ①章… Ⅲ . ①汉语—语音—研究 Ⅳ . ① H11

中国版本图书馆 CIP 数据核字（2014）第 221014 号

基于语用视角的汉语语句重音研究

责任编辑	宋 焱
出版发行	世界图书出版广东有限公司
地　　址	广州市新港西路大江冲 25 号
http://	www.gdst.com.cn
印　　刷	虎彩印艺股份有限公司
规　　格	710mm×1000mm　1/16
印　　张	10.5
字　　数	180 千
版　　次	2014 年 9 月第 1 版　2015 年 6 月第 2 次印刷
ISBN	978-7-5100-8657-1/H・0873
定　　价	32.00 元

版权所有，翻版必究

摘　　要

　　重音是发音时较用力、语流中听起来比其他音节突出的音节，主要通过与语句中其他词项相比在音高、音长以及音强等方面的凸显来体现。本书着重研究语句层面与表情达意密切相关的语义重音。

　　对语句重音的研究涉及语言学、声学、播音学、心理学、计算机语音合成等多个领域。本书基于学科间互相借鉴和互相促进的认识，立足于宏观语用学的研究视角，借鉴播音学重音研究的语篇视野，运用语音学实证性的研究方法，对自然话语中语句的重音现象进行描述与阐释。我们依据述谓结构理论、会话含义理论、关联理论、认知加工理论、语言的主观性及冗余性等理论，对重音的分布、功能、性质、程度及凸显方式等五个方面提出了自己的观点。

　　重音分布是以往中外研究中探讨较多的课题，"重音居后"规则是其中具有一定共识性的成果。但这个规则只对主谓宾等基本结构的重音现象具有解释力，而不能解释定语和状语等所在的附加结构"重音居前"的现象。我们在研究中增加了语义结构的考虑，提出"述谓重音"的观点，将附加结构的"重音居前"句法表象纳入到语义层面的"重音居后"统一规则之下，并通过认知、语用、语义、句法和韵律的内在关联，对述谓结构不同层级的重音分布共相给予了相应的动因阐释。

　　对重音功能的探讨是本书的重点。我们的创新点在于借鉴了播音学宏观语篇的视角，对真实话语进行了实证分析，并对所描述的重音现象从认知语用学视角予以解读。我们发现，在一个语义结构完整的语篇中，所有重音都是在不同侧面、不同层次为说话人的总体意图服务的。从认知语用学视角来解释，这是因为人类交际就是以意图交际为根本目的，意图具有层次性和推理性的特征；重音是帮助说话人高效表达自己的思想感情并引导听话人准确、快速领会说话人意图的程序性编码手段。

对于重音的性质问题，我们重点探讨了重音的表征性和冗余性。重音的表征性是相对于焦点而言的。在焦点的几种标记形式中，重音是最基本、最普遍的一种凸显形式。焦点是说话人意图在语句中的集中表现，充满了主观性色彩。语言中与说话人主观性相关的特征被称为冗余性特征。重音的冗余性体现为它超出了听清的最低需要，多出来的音量是用来表达说话者的特别用意或情绪、唤起听话人特别注意的冗余部分。

基于重音的表征性与冗余性，我们还探讨了重音的程度与凸显方式等问题。我们立足于一个相对宏观的视角，探讨重音强度与主观性程度之间的关系。我们发现，那些更多承载说话人主观性的词类和句类在重读概率和重读强度上也倾向于更高，即在语音上更具冗余性。总之，研究结果显示，焦点信息的主观性程度与语音表征冗余度之间呈现正相关倾向。

对于重音词语的凸显方式，我们基于本书中认定的重音词语与焦点词语的同延性，先从语义视角探讨焦点的对比性，然后将焦点的对比性映射到重音词语上。焦点是被凸显的信息，而凸显是以对比为前提的，焦点的凸显性特征使得所有焦点都具有对比性。对比的方式有篇内对比与篇外对比、显性对比与隐性对比之分。将焦点的对比性特征映射到重音词语上，我们验证了所有重音词语都具有对比性的观点，对比是重音词语的基本凸显方式。

目　　录

第1章　绪　　论 /001
　1.1　重音研究概述 /001
　1.2　本书研究目标 /014
　1.3　本书的章节结构安排 /014

第2章　本书研究方法和主要理论基础 /016
　2.1　研究方法 /016
　2.2　主要理论依据 /019
　2.3　本章小结 /026

**第3章　重音分布：对自然话语中"常规"与"非常规"
　　　　　重音现象的描述与解读** /027
　3.1　重音分布现象的描述 /027
　3.2　对重音分布现象的重新解读 /034
　3.3　本章小结 /042

第4章　重音功能：重音对意图的凸显作用及其认知语用机制 /044
　4.1　重音对意图的凸显功能 /044
　4.2　对重音功能的认知语用视角的解读 /061
　4.3　本章小结 /077

第5章　重音性质：表征性与冗余性 /078
　5.1　焦点与新信息及主观性 /078

  5.2 重音作为焦点表征手段的普遍性以及焦点表征形式的冗余性 /080
  5.3 本章小结 /091

第6章 重音程度：焦点信息主观度与语音表征冗余度的相关性 /092
  6.1 关于焦点强度与语音强度关系的研究成果及本章研究视角 /092
  6.2 焦点信息主观性程度与语音表征冗余性程度之间的相关性 /100
  6.3 本章小结 /107

第7章 重音凸显方式：对比作为重音词语凸显的基本方式 /108
  7.1 焦点的凸显性与对比性 /108
  7.2 重音词语对比性的实证性研究 /114
  7.3 本章小结 /119

第8章 结 语 /121
  8.1 本书的发现 /121
  8.2 本项研究的意义 /124
  8.3 有待进一步探讨的问题 /124

参考文献 /126

附录（一） "异地高考可行吗"文稿重音标注 /137

附录（二） 攻读学位期间取得的科研成果 /157

附录（三） Abstract in English /158

致 谢 /161

第1章 绪 论

重音是发音时较用力、语流中听起来比其他音节突出的音节，主要通过与语句中其他词项相比在音高、音长以及音强等方面的凸显来体现。重音有词重音与句重音、节奏重音与语义重音等分类，本书着重研究语句层面与表情达意密切相关的语义重音。

如在下面一段话中，语句重音在句法上呈现什么样的分布规律，承担什么语用功能，重音程度与什么因素有关，重音凸显的根本方式是什么，等等，这些问题就是本书打算探讨的主要议题。

[1] 大学毕业呢我分回到了北京。

但是我**真的**不愿意来。

我二十多岁了我都不愿意离开父母，我没出息。

因为我**不愿意**和父母分得太远。

但是我父亲对我说了一句话，

他说你一定要去。

你不能只为你想，你应该为你的孩子想。

本章作为绪论部分，主要对重音研究概述、本书研究目标和本书结构予以交代。

1.1 重音研究概述

重音是语言韵律的一个重要成分，它依赖于音段音位而存在，可以覆盖两个或两个以上的音段，具有超音段（suprasegmental）特征。超音段特征由音段负载的音高、音长、音强等特征在时间轴上发生相对变化而形成，而对这类特征的辨识必须通过音段与音段的对比才能实现。音高方面的超音段特征是由相邻音段频率的相对变化而形成的，时长方面的超音段特征是由不同音段之间声波持续时间长短的相对变化而形成的，而音强方面的超音段特征是由不同音段声波振幅的大小对比而形成的。总之，超音段特征同连续的动态话语表达的关系比音段特征更为密切。（叶军，2001：1）

重音在确定语句焦点、表现说话人思想感情方面扮演着重要角色，所以很早就引起国内外学者的关注，涉及语言学、声学、播音学、心理学、计算机语音合成等多个领域。其中语言学、声学、心理学等偏重于分析性的基础性研究，主要研究静态语境下的重音现象，如重音的功能与分布、重音的声学特征、感知特征等；而播音学、计算机语音合成等则偏重于实践性的学科，关注以真实话语为基础的再现性研究。

不同学科对重音研究的视角、观点与方法既互为补充，又可以互相借鉴。比如，语言学基于句法、语义和语用视角对重音的传情与达意功能有较为缜密、系统的研究，研究方法早期以内省、推理方法为主；但随着声学、心理学领域对语言韵律现象的关注，它们的科学实证的方法也越来越多地被运用到语言学对韵律的研究中。再如，偏于基础性研究的语言学、声学、心理学等领域对于重音的语境限定基本限于句子层面，而偏于实践性研究的计算机语音合成和播音学则关注语篇层次上的语句重音现象，更接近于语言现实。综合考虑各学科对重音的研究视角和研究方法，寻找突破口，是本书研究的出发点。

下面首先对与本项研究相关的语句重音研究做一些梳理工作，主要是重音的分类与分布、重音的声学因素和重音的功能等，然后再对以往重音研究成果做一个述评。

1.1.1 重音的分类与分布

1.1.1.1 重音的分类

重音一般被看作是焦点在语音上的表现形式，所以重音分类与焦点分类有内在的相对应性。焦点一般分为常规焦点与非常规焦点（对比焦点、强调焦点等），表征这些焦点的重音相应地就分为常规重音与非常规重音（对比重音、强调重音、情感重音等）。常规重音是指可以通过句法或音系规则预测的、带有规律性的重音，也叫正常重音或自然重音；非常规重音则是动态句中没有出现在常规重音位置上的重音。胡裕树（主编，1995：114）、黄伯荣、廖序东（主编，2004：127）及叶军（2001：14-15）都持这种观点。

Selkirk（1984:198）、沈炯（1994）、王韫佳（2006）等则提出了节奏重音与语义重音之分的观点。王韫佳（2006）认为，节奏重音指语句中那些只为了形成语句在节律上的轻重循环，使之产生节奏感的重音，这种重音对语义表达基本没有贡献；语义重音是通过在语句中的凸显使得语句中各信息单元的重要程度得以确定的重音，即语义重音的出现是为了凸显语句中承载重要信息的单位。通常所说的常规重音、非常规重音或者说语法重音、逻辑重音、焦点重音等都属于语义重音的范畴。

所谓的"常规"与"非常规"主要是依据句法层面的规则来判定的，也有学者从语用或语篇视角提出不同观点。Bolinger（1972）认为，"决定句子重音分布的不是句法结构，而是语义和情绪上的突显（highlighting）。句法只是间接相关的，表现在有些结构比另一些结构更有可能受到突显，但是据此所做的描述只能是统计性的"。在播音学领域，张颂也指出，长期以来流传着"语法重音"、"逻辑重音"、"心理（感情）重音"的提法是没有达到区分者本来的期望的，主要是在实践中很少有举一反三的效果，甚至往往使初学者徘徊其间、举棋不定。他认为语句中重音的位置与其在全篇文章中所处的位置和分量有关，并据此归纳出10种主要重音类型，如并列性重音、对比性重音、呼应性重音、递进性重音、转折性重音、肯定性重音、强调性重音、比喻性重音、拟声性重音、反义性重音等。（张颂，1990：85-94）这些从语义视角进行的重音确定原则，突破了句法上"常规"重音与"非常规"重音的分类界限，值得我们借鉴。

1.1.1.2 重音的分布及语义解释

当前重音分布规律是诸多学科如语言学、心理学、播音学、计算机语音合成等领域的研究热点和难点之一，也取得了一些相对具有共识性的成果。从词类来说，有"实词重读虚词不重读"原则；从句法结构来说，有"重音居后"原则，即重音倾向于落在结构上居后的句法成分上；从论元结构来说，有"内论元优先重读"原则；从信息结构来说，有"新信息优先重读"原则；另外，还有"附加语优先重读"原则，等等。这些原则，有些是经过理性推导而来的，有些则经过实验的验证。

（1）西方学界的研究

在西方，Newman（1946）较早地认识到了"重音居后"的倾向。他提出，当没有表义性重音（expressive accents）干扰时，一个强重音（heavy stress）序列的最后一个强重音是取得核心强重音（nuclear heavy stress）的语调单位（intonational unit）。

Chomsky & Halle（1968）的核心重音规则（nuclear stress rule）是对重音居后规则的形式化：在主要的句法成分中，重音指派给最右边的可重读元音。

陈虎（2003）认为，核心重音原则所反映的核心重音居于最右的思想，迄今为止，仍然可以称得上是对自然语言重音分布规律的最为高度的概括。这条看似简单甚至片面的原则反映了人类语言中"新信息"（焦点）居后的深层信息结构的总体趋向。

纵观西方自然语言重音分布的研究历史，后来的研究在某种程度上都可以看作从语音、语义以及语用等各个层面对核心重音原则所做的补充。

Gussenhoven（1983）对内论元优先重读原则用形式化的语言做了概括：

In [A (X) P] or [P (X) A], accent A.

以上的意思是：在由论元—谓词（分别由A、P代表）所构成的焦点范域（由[ ]代表）里，重音落在内论元上。Selkirk（1984）、Schwarzschild（1999）等对内论元优先的原则也有所阐述。基于语义结构的内论元优先重读原则较好地解决了基于句法结构的重音居后原则的主要遗留问题，但也有自身的局限。

Halliday（1967）最早提出信息结构的概念，认为无标记的信息结构由已知信息和新信息构成，新信息是句子表达的焦点信息，并在韵律上凸显。新信息与已知信息的对比是话语语用因素的一个重要方面，在解释重音分布模式方面起着重要作用。

Hirschberg（1993）在语音合成领域基于词类重音原则、信息结构重音原则等编制的重音指派算法，对于非限制性（unrestricted）英语文本，模拟自然重音的正确率已经可以达到80%—98%。

从词类重音原则来说，一条最基本的结论就是：实词重读，虚词不重读。

其中，实词（content words）主要包括名词、动词、形容词以及语义与形容词或名词相当的部分副词等所谓的开放性词类（open class），虚词（function words）则包括其他如代词、助词、介词等所谓封闭性词类（closed class）。总的来说，词类信息可以可靠地预测大致3/4的英语重音分布情况。（Hirschberg, 1993）

鉴于重音与焦点之间表征与被表征的关系，焦点范域（focus domain）的宽窄之分也影响到了对重音分布情况的语义解释。焦点范域就是焦点所对应的句法成分，依据包含的词项（lexical item）的数目，焦点范域有狭域（narrow domain）和广域（broad domain）之分。狭域焦点直接与词项相对应，一般只包含单个的词，其重音指派比较简单，直接落在相应的词项上即可；广域焦点则不同，所包含的词项不止一个。一般情况下人们并不会重读广域焦点内的全部词项，而只将重音落在其中的几个甚至一个词项上。这种情况被称作"重音渗漏"（accent percolation）（Gussenhoven, 1983; Jacobs, 1993）。

以上是从说话者的角度而言的，焦点要靠重音来实现，是一个由焦点到重音（focus-to-accent）的编码过程。另一方面，从听话者的角度来看，重音又必须还原为意义，变为一个由重音到焦点（accent-to-focus）的解码过程。对于狭域焦点而言，编码与解码是直接可逆的。而对于广域焦点而言，由于在编码过程中重音渗漏现象的存在，在解码过程中就必须有一个从单个（或几个）重音到相应焦点范域的"焦点投射"（focus projection）过程。

Chomsky（1972）最早提出"焦点投射"概念，后来又发展出"限制性焦点投射"和"扩展性焦点投射"等观点。限制性焦点投射理论主要以 Gussenhoven（1983, 1992）为代表，该理论规定，焦点投射只能按由重读论元到邻近的谓词（不管中间有无非焦点成分）的方向进行，投射的范围只能是由论元和谓词所构成的一个序列。扩展性焦点投射理论则是目前影响最大的重音语义解释理论，主要以 Selkirk（1984, 1995）为代表。关于重音的语义解释，Selkirk 的基本观点是：语句的焦点（记作 FOC）可以看作是对一个特指问句（wh-questions）的恰当回答所聚焦的成分；FOC 的成分范围的确定建立在焦点标记（F-marking）的基础上。有关焦点标记和 FOC 成分范围确定的主要原则有如下四条：① 重读词项受到焦点标记（F-marked）。②短语的中心语受到焦点标记允准该短语受到焦点标记。③中心语的内论元受到焦点标记允准该中心语受到焦点标记。④不被任何其他焦点标记成分所支配（dominate）的焦点标记成分就是语句焦点 FOC。

David Beaver & Dan Velleman（2011）探讨了重要度（importance）和不可预测性（unpredictability）这两个因素对英语语调短语中重音的位置和程度的影响。他们提出了重音三原则：①突显原则（prominence principle）：如果一个成分比另一个成分更具有交际意义，那么前者就应该比后者更具有表层突显性。② 预测性和重要度：一个表达式的交际意义是建立在很多不同的因素基础之上的。这些因素可以归纳为两大类：一类与可预测性有关，另一类与达到说话人目的重要度有关。③突显性竞争：英语语句分为语调短语，一个语调短语含有且只含有一个首要（primary）或核心（nuclear）重音。语调短语内的成分需要竞争首要重音的地位。

根据以上三原则可以预测一个句子中重音分布的情况。那些既不可预测又对实现说话人目的具有重要性的成分会承载首要重音，而那些不可预测但不重要或重要但可预测的成分会承载次要重音（secondary accent）。

（2）汉语学界的研究

在汉语界，对汉语重音分布的研究可从描述性、解释性和实验性三个维度加以概括。

徐世荣（1961）最早系统、完整地描写了汉语重音分布状况。徐文在总结汉语"意群重音"（与"强调重音"、"感情重音"相对）的分布状况时，提出多条可以用"重音居后"来概括的原则，如主谓之中谓语重读、主谓宾之中宾语重读、无主句中宾语重读、主谓补之中补语重读、主谓补宾之中宾语重读、兼语式中兼语后的谓语重读，等等。另外，他也发现定语和状语一般都重读、疑问代词优先重读等现象。胡裕树（1987），黄伯荣、廖序东（1983）等也都有类似总结。

近年，叶军（2001）、王韫佳（2006）等所做的语音实验大致支持上述论点。

如叶军(2001:21-29)在对一段20分钟的普通话口语材料进行重音分布统计后发现,主、谓之间出现重音的概率比为1∶4.8,动、宾之比为1∶2.6,中心语、修饰语之比为1∶5.3,等等,这些都基本反映了重音居后的倾向。

曹剑芬(2003)、王韫佳(2003,2006)、王丹(2007)等分别从句法成分、语义结构及心理实验等视角探讨汉语语句重音的分布规则,以建构适用于汉语文语转换系统的重音预测规则。

人们对于汉语语句"重音居后"或"重音居前"现象的解释,也处于不断取得进展的状态。

赵元任(1968)最早明确提出"最后的最重"(the last being the strongest)规则。冯胜利认为汉语的重音居末是指重音落在最后一个主要动词建立的"重音范域"内,同时他还区分了句子的"基本结构"(主、谓、宾、补)和"附加结构"(定、状)。"基本结构"具有独立完成陈述的可能性,所以静态的"基本结构",其常规重音总是跟句子的常规重音有着一致的表现(重音居后),而不能独立完成表述的"附加结构"的常规重音则表现得正好相反。(冯胜利,1997:67-71)

叶军(2001)从人类语言中"新信息"(焦点)居后这一深层信息结构的总体趋向出发,总结了信息结构、句法结构和韵律结构的配置关系,如图1-1所示。

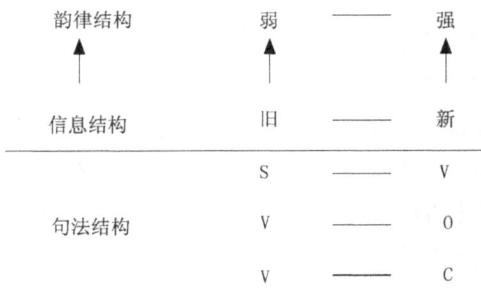

图1-1　句法、信息、韵律结构配置图(叶军,2001:37)

端木三(1999)则用一个统一规则来解释不同的表象。他从信息论视角提出辅助成分比中心成分重的"辅重论",认为辅助成分一般信息量大,信息量大的成分读得相对重。偏正结构、主谓结构、述宾结构、述补结构中的辅助成分,分别是偏正结构的修饰语、主谓结构的谓语、述宾结构的宾语、述补结构的补语,辅助成分获得重音。

1.1.2　重音的声学因素

语音学界对重音声学特征的基础性探讨有助于其他领域确切地把握重音

确定的标准。

赵元任（1979：23-26）对重音的看法是："首先是扩大音域和持续时间，其次才是增加强度。因此第三声重读时会降得更低些，第四声重读时起点更高些，降得更低些……"总的来说，有三点：①重音音节调域较大，高的更高，低的更低。②重音音节时长较长。③重音后音节调域压缩。

赵元任对汉语重音的研究具有开创性意义，后来的研究基本都是围绕音高、音长、音强的关系而展开的。沈炯（1985，1998）提出了音域的上、下限概念，认为音域上限跟语义加强和强重音有关。在陈述句中，表义中心的音域上限往往很高，在表义中心最后一个正常重音之后，音域上限会突然下落，这种提升和后随的落差可以造成鲜明的重音感。杨立明（1993）明确提出重音后音高骤降的标准。曹文（2010）则专门探讨了汉语焦点重音骤降的声学特征。林茂灿（1990），高明明（1993），许洁萍（1999），刘亚斌、李爱军（2003）等通过实验手段，基本都认同影响汉语重音节律特征的主要因素是音高和音长的变化，其次才是增加强度。赵建军、杨晓虹、杨玉芳、吕士楠（2011）的文章更为细致地探讨了音高和时长在语篇语句重音中的作用。林茂灿（2011）发文研究了窄焦点重音和宽焦点重音不同的声学表现和语音特征，认为窄焦点重音是音高突显，而宽焦点重音是音高清晰、明显。重音主要与音高关联，时长的作用是次要的。曹剑芬（2008）以普通话语流中双音节词前后音节的音高变化作为主要考察对象，探讨了语音变化的生成机制和交际意义。

1.1.3 重音的功能

重音的基本功能就是通过对语音线条的不同程度的放大来突显话语意图或情感，这一点在语言学、心理学、播音学等领域都从不同视角得到阐述。语言学领域中的学者主要是从交际的动态性出发，研究韵律在言语交际中，尤其是语用推理中的作用；心理学领域中的学者主要通过心理实验的方法论证重音对于信息理解的作用；播音学则是从语言实践这一立场出发，从语篇视角探讨重音在表情达意方面的作用。

1.1.3.1 语言学领域中对重音功能的研究

国际上关联理论学者在语句韵律的语用功能方面做了不少探索，因为重音是韵律的重要成分，所以这方面的研究也是重音研究的重要参考文献。

关联理论认为，交际是一个涉及信息意图和交际意图的一个明示——推理过程（ostensive-inferential process），由此产生了概念性编码（conceptual encoding）和程序性编码（procedural encoding）。韵律属于说话者为了节省听话者在解码过程中的认知努力而做的一种程序性编码。有多位学者在这方面发表了系列性的文章。

伦敦大学学院（University College London）语音学与语言学系的 Jill House 对

语调对语境的建构作用做了理论性和实证性的探讨。在探讨语调的关联性问题时，House（1989，1990，2006）提出韵律特征对语境选择施加了规约性的限制（conventional constraints），语调的首要功能是将话语与语境联系起来（anchor an utterance to its context）。她（2007a，2007b）又进一步从程序性视角实证研究了韵律对语境选择的限制作用，这涉及两个方面：①语境因素如何影响和决定说话者对语言形式，尤其是韵律形式的选择。②对听话者而言，语句的韵律形式主要起着引导听话人如何理解话语的作用：如何找到相关的认知语境以解读说话者提供的信息，如何评估这份信息，如何建构使交际得以发生的互动，等等。

Deirdre Wilson & Tim Wharton（2006）探讨了韵律符号的类型及它们各自的编码功能。他们认为语音信息中包含自然信号（natural sign）、自然符号（natural signal）和语言学符号（linguistic signal）等类别。有些韵律特征可以反映说话者的心理或身体状态，如是否醉酒或清醒、生病或健康、疲惫或警觉、犹豫或确信，等等，但这些声音特征所反映出的信息并不是它们的固有功能，它们是自然信号或自然迹象，不具有内在的交际性，听话者是通过推理（inference）而不是解码（decoding）来解读的；自然符号则是具有内在交际性的韵律符号，它们的功能就是传递特定的信息，听话者需要通过解码来理解；语言学符号基于两者之间，是通过解码加推理的方式来解读的。下面图1-2是对这三种符号特点或功能的一种直观的概括。

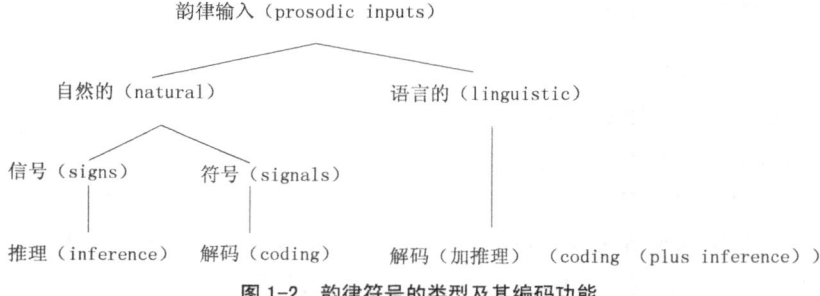

图1-2 韵律符号的类型及其编码功能

挪威科技大学语言学系的Thorstein Fretheim对于语调短语（intonational phrases）与焦点域（syntactic focus domain）（1991）、语调效果与等级含义（scalar implicature）（1992）、语调与语境推理（1996，2006，2010）等问题有深入探讨，在这方面有大量的研究成果问世。

从关联理论视角探讨韵律与话语推理的关系，这方面的研究相对较多的是对英语、西班牙语、挪威语、波兰语、丹麦语等语种的研究，对汉语韵律现象的研究并不多见。这方面主要有贺玉勋与肖建安、蒋冰清、石翀等合作从"动态语境关联"

的表现方式；政府工作报告则既严肃又有一定的感情表现力；新闻报道反映了播音员对播音稿件内容的准确把握和规律性播报。

在对以上语料中的重音现象进行了初步的观察和归纳以后，我们从中选取了央视二套《对手》2011年11月29日的一期辩论节目作为重点分析对象。选择这个语料考虑到以下因素：语料的真实性、完整性、代表性、可参照性。

1）语料的真实性。《对手》是以辩论体的方式呈现国内外重大经济事件的电视节目，每期针对一个热点话题邀请学术界、企业界、媒体界等社会各界精英进行思想交锋，是在真实的情景下对真实的事件发表个人真实的观点。

2）语料的完整性。这体现在节目编排的完整性上，从话题的选择、嘉宾的邀请到辩论的实施，都是经过事先精心策划、现场严密组织、相互配合而完成的，使得话题在语义的完整性上得到保证。

3）语料的代表性。"异地高考"这个话题牵涉众多方面切身利益，成为两会、各级教育主管部门、媒体及大众关注的热点问题。这期节目邀请的嘉宾及现场发言的观众中有教育研究人员、随迁子女家长、媒体评论员、教育集团人员等，他们对所谈话题有切身的认识或感受，即不同利益当事人在思想感情方面有真实、充分的表现，能代表自然话语的重音表现。

从语言的质量和规模来说，主持人和嘉宾都说的是标准、纯正的汉语普通话，发音清晰；节目时长50分钟，各方发言相对充分，量上也有一定的代表性。

4）语料的可参照性。因为"异地高考"话题之前在凤凰卫视《一虎一席谈》中有过一期类似节目，两个节目可以互为参照，增加研究结论的可信性。

2.1.2 本书中对句子和重音的确定原则及语例的标示方法

2.1.2.1 句子的界定

考察自然口语语篇中重音的分布现象，主要是为了对语篇中的语句重音现象展开分析。但在实际操作中，我们发现，对"句子"单位的确定是一件很令人困扰的事。在汉语语法学界，一般认为有单、复句两种结构形式，其中复句是由两个或两个以上句法上相对独立而语义上又互相依存的小句组成的。问题是，如果在操作中把复句看成一个句子，这就意味着复句中各分句都有自己相对完整的核心成分和语调，而在多重复句中甚至会出现由七八个小句构成的情况，其结果是那些层次较低的分句之间几乎没有多少直接的语义关联了。因而，若按照这样的思路来展开语句重音的语法或语义的分析就会遭遇到一系列不可预知的困难，在操作上自然也是不可行的。

在语音学界，陈玉东（2005）曾经探讨过汉语韵律层级中基本的构造单位这个问题。他认为，小句处于汉语韵律层级中的中枢地位，即小句是语调基本构造的负载单位，具有相对的独立性和表述性。在分析复句等复杂语句的语调构造时，往往需要把复句分解成各个小句才能得以进行。

本书采纳这个观点，将单句及复句中的分句作为一个基本的单位以分析语句中重音的分布情况。鉴于实际话语中常有因语境省略而导致的形式上不完整的句子，本书将高语境下能表达相对完整意义的短语句、省略主语的流水句等都当作一个句子单位。确切地说，本书对句子的界定是以与小句相对应的意群单位为标准的，如下面一段话就是由11个小句组成的：

[1] ①观众朋友，大家好！
②欢迎来到财经辩论节目《对手》。
③我是王凯。
④嗯，刚刚大家看了小片啊，
⑤我国现有的高考制度规定，
⑥如果您要报名参加高考，
⑦必须在户籍所在地。
⑧但是，现在随着这个流动人口越来越多，
⑨城市移民越来越多，
⑩很多家庭为此是相当困扰。
⑪孩子到底应该在哪儿考试？

2.1.2.2 重音的确定原则

目前语音学界基本上得到认同的重音确定因素包括音高、音长和音强三个方面，其相互关系还在探讨之中，但大致都认为音高是最为主要的因素。本书对重音的判定主要也以音高、音长和音强的数据为主要依据，必要时把听辨分析作为参考或验证的因素。

本研究使用 praat5202 软件作为获取重音数据的主要工具。Praat 是一款跨平台的多功能语音学专业软件，主要功能是对自然语言的语音信号进行采集、分析和标注，并执行包括变换和滤波等在内的多种处理任务。不同于语音学领域专业性的数据提取和分析技术，本书是在一个比较粗略的水平上做一些实证分析，所确定的重音都是语句中具有相对显著性的重音。

为了相对充分地显示重音的层级性，本书中将语图上音高、音强、音长等因素均较为突出而且听辨中重音听感也较为明显的词语以粗体加重音号的方式来表示，而只有一两个因素突出且听感次强的重音仅加重音号。例如，在"不是在北京没有**高考**机会，就连**上学**机会都没有了"这个语句中，"上学"音高、音长及音强均较

（2008）、"元话语框架"（2008）、"认知理据和认知机制"（2008）、"元功能"（2010）等视角探讨"重音语篇变异"现象的一些文章。他们的基本观点是，重音是元话语标记。在口语语篇中，元话语标记可在句法与音系两个层面进行分类，重音属于音系层面的元话语标记。一般认为，重音分布遵守四个原则，可按强制性大小等级排序如下：

新信息重读旧信息不重读 ⟶ 实词重读虚词不重读 ⟶ 负载焦点重读 ⟶ 重音居后原则

而根据贺玉勋、肖建安（2008）对名词和代词的研究，动态语境中重音会出现在违反上述原则的无法预测的位置上，成为有标记调核，出现重音语篇变异现象。他们将重音语篇变异的原则按照强制性大小依次排序为：

全局新信息重读 ⟶ 全局中心旧信息重读 ⟶ 局部中心旧信息重读 ⟶ 个体新信息原则 ⟶ 局部节奏重读

他们认为，从语用推理的角度来说，重音变异的宗旨在于调控听者注意状态，实现语境的最佳关联。从认知心理来说，越抽象、越不熟悉的认知信息越要重读，以减少受话者的认知负荷。

1.1.3.2 心理学领域中对重音功能的研究

心理学主要是通过感知实验来研究重音与信息结构、焦点的关系。

在言语产生过程中，句子重音产生的一个重要策略是：当一个信息第一次被提到时，它一般会被赋予句子重音。Bock（1983），Terken & Nooteboom（1986），Donselar & Lent（1994），Birch & Clifton（1995）等用心理实验研究了新、旧信息的感知，验证了新信息被重读而旧信息不被重读更有利于言语的理解和加工这一已有的结论，因而也间接地证明了新信息被重读而旧信息不被重读这一现象。Willian P. Needham（1990）将这个结论进一步精确化，指出说者产生句子重音的一个重要依据是他的关于听者头脑中的语义网络的知识，因为他在实验中发现，当说者认为听者能够由前面的信息联想到新的信息时，即使这个新的信息是第一次被提到，也不会被赋予句子重音。

句子重音一般都表现为音高和时长的增加，这种并发现象体现的是说话者产生言语的策略。Wieke Eefting（1992）等认为，音高重音是为了使听者注意句子的某一成分，而时长的增加是为了使听者有更多的时间去加工这一成分。Anne Cutler & Jerry A.Fodor（1979）通过反应时实验证明，听者对句子重音中音素的反应时要小于句子中其他音素的反应时，这说明句子重音的确能够取得引起听者更多注意的效果。另外，Wieke Eefting（1992）通过他的知觉实验表明，在句子中当句子重音不伴有时长的增加时，听者会觉得不自然。

在国内心理学领域中，中国科学院心理研究所杨玉芳及她所指导的博士生们对于各种重音对话语理解的影响问题探讨较多。

王蓓、杨玉芳（2003）进行了新旧信息的重读比较研究，包括词性与负载新旧信息的关系，主要是名词、动词和形容词作为新信息和旧信息在重读程度上的差异，以及在对新旧信息进行更细致的分类后它们在重读程度上的差异。王蓓、Caroline Féry（2010）后来又进一步对话题和焦点在分裂句中的韵律编码方式及其对感知的影响进行了研究，认为话题的语调调节范围是自身，而焦点是全句，而两种信息结构的不同韵律编码方式是有感知意义的。

李晓庆、杨玉芳（2005a，b）在研究重读与信息结构的匹配关系对语篇理解加工的影响时发现，一致性重读确实具有促进信息加工的作用，但只对语篇中单个的词汇加工有明显的促进作用，而对语篇理解的正面促进作用不明显。上下文语境在区分信息的新旧状态中具有重要作用，即使不存在一致性重读，听者也能准确地解释话语的意义。新信息重读是为新信息唤起一种自下而上的加工方式，即从分析言语声学符号开始进行加工，从而提高接受效率。

王丹、杨玉芳还探讨了新旧信息和重音的匹配关系对话语理解的影响（王丹、杨玉芳，2005a）、修饰语的焦点和重音对话语理解的影响（王丹、杨玉芳，2005b）、论元结构的焦点和重音关系对话语理解的影响（王丹、杨玉芳，2010），发现：新信息重读、旧信息不重读，话语的信息状态和重读方式的匹配关系有助于理解的加工；新的修饰语重读，旧的修饰语不重读，修饰语不投射焦点，即修饰语重读不将焦点投射到修饰语的中心语上；新论元负载焦点必须重读，重读论元将焦点投射到句子的高一级单元上，但动词必须重读，旧论元不负载焦点不必重读，但负载焦点的动词必须重读。

高路（2007）研究了汉语文本语篇中语句焦点的确定及焦点与重音的关系。研究发现：独白语篇中，最突显的重音落在焦点词或焦点范域内；对于宽焦点而言，有几种重音指派规则；重音和焦点的关系并不完全——对应，需要进一步的探讨。

他们也及时关注并介绍国际上有关韵律研究的一些最新成果，如杨玉芳、黄贤军、高路（2006）介绍了国外有关韵律特征的最新研究；江爱世、陈煦海、杨玉芳（2009）介绍了言语情绪韵律加工的时间进程方面的前沿研究。

1.1.3.3 播音学和计算机语音合成领域中对重音功能的研究

播音学和计算机语音合成领域是从语言实践的立场研究重音功能的，更接近自然语言的真实状况，也更重视情感因素对于重音的影响。

（1）播音学对于重音功能的研究

播音学研究的语言传播发声是以生活口语为基础，又经过一定的艺术加工，是一种源于生活又高于生活的发声状态。播音学重视从完整语篇的视角诠释重音在传情达意上的表现和作用，认为重音是为凸显语句目的或表达思想感情而存在的，而且每一个句子都是系统中的一分子，所以语句重音需要在上下文语境中确定。确切地说，重音是对语篇中语言目的的集中概括，重音所表达的是具体语句的重点或语句之间的关系。（张颂主编，1994：287-288）。

陈玉东、吕士楠（2008）对记叙文、新闻评论和议论文三个不同类型的汉语普通话朗读语篇从篇章修辞结构和韵律特征两个方面进行了分析，认为语段的韵律表达是以语篇结构和语义关系为依据的，语篇修辞结构中的主次关系在有声语言的韵律特征上得到正确的反映。

陈玉东、杨玉芳（2009）随后又选择了记叙文、说明文、议论文、新闻和专题五种朗读语体，在时长、音高方面对其重音特征进行分析。结果表明，各语体在总体特征、重音突显和语调构造方面存在不同。记叙文说明文和议论文更多利用时长手段来突显重音，两者趋于一致；新闻和专题报道更多利用音高手段来突显重音，两者趋于一致。议论文时长和音高手段都较突出，突显程度最高，反映了对重音突显的高度需求；新闻语速快、变化小，在音高上也显得平稳，体现了迅捷、整齐的风格。

杨雪、祖涛（2009）从播音实践出发，探讨了重音在播音表达中的重要意义，认为播音员、主持人在进行有声语言的创作时，一定要看到重音的重要性，才能展现稿件的真实意图。他们总结出下列三类宜重读的词语：那些突出语句目的的中心词，体现逻辑关系对应性的词语，以及点染感情色彩的比喻、声像及其他形容性的词或词组等。

其他关于播音或朗诵方面类似这样的经验总结性的文章还有很多，不再一一列举。

（2）计算机语音合成领域中对重音功能的研究

在计算机语音合成领域，学者们为了达到更接近于真实话语的语音效果，对基于情绪心理学的情感建模、言语情绪的韵律加工、语音信号中情感特征的分析与识别等都有所研究。这些反过来对于重音的基础性研究也具有启发意义。

斯坦福大学的 Reeves & Nass（1996）指出，实现自然、友好和生动的智能人机交互，关键在于赋予计算机"情感智能"的能力。语音作为人与人之间使用最为广泛的交流方式，承载了丰富的情感信息，并具有获取便捷的优点。

Besson，Magne & Schön（2002）也认为，人们不仅可以通过口语的音段成分传递的语义信息来理解说话人所表达的情绪，还可以通过口语声音中音高、时长、强度等声学线索的变化，感知说话人不同的情绪状态。这些声学线索的变化，构成了情绪韵律。这样，语音信息中就包含了语义信息和情绪信息，其中情绪信息又包含语义情绪（通过语义表达的情绪，如褒义、贬义等）和韵律情绪（通过韵律表达的情绪，如音高、音强等）等信息。

不同的声学线索能够反映诸如激活度和愉悦度等不同的情绪维度。Banziger & Scherer（2005）发现语调曲线的音域也随着情绪激活程度的变化而逐渐变化。研究还表明：有着高激活度的情绪声音（如生气、害怕、高兴等），其音高平均值也较高；低激活情绪（如悲伤、厌倦等）的音高平均值也较低。（Paeschke, Kienast & Sendlmeier, 1999; Juslin et al., 2008）

情绪韵律的加工就是一个从感知韵律声学线索到识别理解口语信息的过程。Schirmer & Kotz（2006）提出，可以将情绪韵律的加工过程分为三个阶段：①声学线索的识别分析；②从声学线索中提取情绪意义；③整合韵律情绪到更高水平，主要指的是韵律的情绪性评价以及与语义进行的整合。

韩文静、李海峰（2009）构造了基于韵律段特征的多重 Elman 网络模型，实现了对人耳情感辨识规律的模拟。闻彬、何婷婷等（2010）提出一种基于语义理解的文本情感分类方法，在情感词识别中引入了情感义原，能有效地判定文本情感倾向性。

1.1.4 对以往重音研究成果的评述

以上综述了各学科领域中与重音相关的主要研究成果。这些视角不同但又有一定相关性和互补性的研究成果，不仅为本书从语言学视角展开对重音的进一步研究提供了理论及实证方面的支撑，也对我们形成新的研究思路带来了不小的启发。

1.1.4.1 语言学在重音研究方面的长项

对重音的语言学研究长于将韵律与句法、语义、语用等因素联系起来考虑，因而也取得了较为丰富的研究成果。从以上文献综述中我们就可以看出，语言学对于重音分类和分布的描述与解释已相当系统、深入，对于重音在语用推理中所承担的功能也有一定的认识。

在对重音分布规律的认识上，现有的研究已经从描述性概括上升到规则性解释，这主要得益于语言学研究者广博的语言学底蕴和善于缜密推理的研究模式。近年来还有越来越多的学者如叶军、王韫佳等利用科学实证的方法对重音进行深入的研究，使得人们对重音的性质和功能认识逐步加深，研究成果也更具有说服力和应用性。如对词重音和句重音、语义重音和节奏重音、常规重音与非常规重音等的分类等，都非常有助于解释不同类型重音的形式特征、功能及分布规律。

在对重音的语用功能的认识方面，从早期的"表情达意"这样宽泛的描述到关联理论学者基于人类认知特点将重音归于"元表征"（meta-representation）手段或者说是"程序性意义编码"（procedural encoding），这也体现出了学界的认识在逐步深化。

1.1.4.2 语言学在重音研究方面的局限

当然，由于语言学研究者主要还是偏于分析性的基础性研究，主要研究静态语境下的重音现象，自然会有它的局限性。

在语句重音分布规律的研究上，主要基于句法规则所做的常规重音与非常规重音的分类，就存在着解释力不足这样的局限性。目前对常规重音有较为充分的解释，即"重音居后"规则，而对像强调、对比等重音现象还找不出相对清晰的规律，只能归为"非常规"类型，交给具体语境去确定。然而，语言事实表明，所谓"非常规"重音现象，在动态语境中的出现频率可能并不比所谓的"常规"重音现象低。这就需要突破句法上"常规"与"非常规"的界限，从超句单位即语篇或语用的视角来加以重新的审视。

目前从语用视角对重音现象的研究，主要是国外关联理论学者基于关联理论的核心观点所做的理论方面和运用方面的研究，而且还只是将韵律作为一个整体概念来加以考察，没有专门细化到重音这个方面，所研究对象也基本上局限在西方语言上，如英语、西班牙语、波兰语、挪威语、丹麦语等。

对于汉语重音的语用视角研究，文献资料显示主要有贺玉勋和他的合作者们（贺玉勋、肖建安、石翀等，2008，2010）。研究主要是围绕"重音的语篇变异"这个概念，即语篇因素对于既往规则所造成的一种变异后果，是将语篇因素作为一种附加外力来考虑的；他们在研究方法上主要还是以推理性研究为主，虽然也说明结论是基于语料数据得出的，但文章没有显示出实证研究的特点，没有交代研究过程和数据采集方面的信息。

总体来说，国内语言学领域在重音的语用视角研究方面还没有多少人涉足，仍处在起步阶段。

1.1.4.3 其他学科重音研究对于语言学重音研究的可借鉴之处

语言学在重音研究方面可向其他相关学科借鉴很多有益的研究思路和分析方法。

在研究思路上，播音学、计算机语音合成等这些偏实践性的学科关注以自然语言为基础的再现性创造，重视从完整语篇的视角来诠释重音在"传情达意"上的表现和作用，尤其是被语言学等基础性研究学科所忽略的"传情"作用。这些研究思路或视角及相应的观点对于语言学领域的重音研究有很好的借鉴作用。

但播音学是关于语言传播发声的学科，研究的是一种源于生活又高于生活的发声状态，而且播音学的很多观点是基于经验性、感受性的认识，在论证过程上缺乏语言学的缜密性和声学、心理学的实证性。将不同学科的方法与成果综合利用起来，取长补短，这是语言研究的大趋势，对重音现象的研究也是如此。

在研究方法上，今天的语音学研究主要采用物理学和心理学实验手段研究韵律的声学特征，这种研究方法又可以进一步和句法、语义、语用和认知领域的研究相结合，使得语言学善于逻辑推理的长处可以与科学、严密的实证方法相得益彰。随着语音处理软件，如 Praat 的操作简易化，非专业人员也可以利用相对科学的手段对重音进行实证性研究，取得更为可靠的研究成果。这些成果反过来又可以为那些偏应用型的学科如播音学、计算机语音合成等服务。总之，相关学科间的互相借鉴和促进是必要和可行的。

1.2 本书研究目标

语句重音的研究在不同语言、不同领域内发展到现在，自然会提供新的研究契机，产生新的突破口。本书基于学科间互相借鉴和互相促进的认识，尝试以语用学研究视角为基点，借鉴播音学重音研究的宏观语篇视野，运用语音学领域内业已成熟的实证性研究方法，展开对汉语自然话语中语句重音现象的描写与解释工作。我们的研究涉及的具体问题如下：

1）在动态、真实、完整的自然语篇视角下，重音分布规则是否与静态视角下的表现具有一致性？

2）是否可以给语篇中所有重音找到一个相对统一的作用机制？

3）如果语篇视角下确实存在一个相对统一的重音作用机制，那么如何解读这个机制？又如何解读句法视角下重音分布的"常规"与"非常规"现象？

4）重音程度与说话者主观性程度是否呈现正相关倾向？

5）对比是否是所有重音突显的基本方式？

1.3 本书的章节结构安排

本书共分为八个章节：

第1章绪论部分简要介绍本项研究的主要内容，概述国内外以往重音研究的成果，提出本项研究的具体问题，最后对本书的结构进行简单介绍。

第2章介绍本项研究的理论依据和研究方法。因为本书立足于宏观语用学视角研究语句重音，所以重点介绍与重音现象阐释相关的理论，如言语行为理论、会话含义理论、关联理论及信息的认知加工理论等。在研究方法方面介绍了语料选择情况以及诸如"句子"、"重音"等一些重要术语的确定原则。

第3章探讨了重音分布情况，比较了语篇视角和句法视角下重音分布的"常规"与"非常规"现象，并从语义及认知视角等进行了解读，指出了所谓"重音规则"

在理论上的合理性和对于实际话语现象解释的不适用性。

第4章从宏观语篇视角探讨了重音在突显说话人意图方面的功能，并且所突显词语在语义层面具有结构性特征，即所有重音词语是在一个严密、完整的语义网络中，在不同层次、不同侧面以突显具体意图的方式为语篇的总体意图服务，意图的层次性落实于重音词语的具体分布之中。对于这种现象，本书也从认知语用学和社会语用学视角进行了阐释。

第5章重点探讨了作为语言交际中程序性编码手段的重音的表征性和冗余性。重音的表征性是相对于焦点而言的。在焦点的几种标记形式中，重音是最基本、最普遍的一种突显形式。焦点是说话人意图在语句中的集中表现，充满了主观性色彩。语言中与说话人主观性相关的特征被称为冗余性特征。重音的冗余性体现为它超出了听清的最低需要，多出来的音量是用来表达说话者的特别用意或情绪、唤起听话人特别注意的冗余部分。

第6章从词类和句类视角出发，探讨了重音程度与说话人主观度的正相关倾向，即更能表达说话人主观态度或情感的词类（如副词、形容词、关联词、量词）或感叹句类等比客观描述性更强的词类（如名词、动词）或陈述句类等在重音概率及重音程度上呈现出更高、更强的趋势。

第7章从焦点的对比性特征延伸解读重音的突显方式，初步论证了"对比"作为重音突显的基本方式的观点，对比的方式有篇内对比与篇外对比、显性对比与隐性对比之分。

第8章结语部分总结了本项研究的一些新发现，这些发现的理论价值和应用价值，并指出研究的局限性和有待进一步探讨的问题。

第 2 章 本书研究方法和主要理论基础

本书立足语用学视角，拟在前人研究的基础上，对汉语自然话语中重音的分布、重音的功能、重音的程度和重音的突显方式等问题进行描述和阐释。在研究方法上采用实证和推理相结合的方式。首先，在语料上，选取自然真实又便于进行语音操作处理的话语材料，以获取有效的研究数据；然后针对原始数据进行描述和阐释工作。描述涉及对现象的归纳、总结，而阐释则涉及对相关理论的适当运用。

2.1 研究方法

本书在语料的选取和数据的处理上尽可能做到有一定的代表性、客观性和有效性，以便为理论层面上的探讨提供坚实的基础。

2.1.1 语料的选取与处理

在研究的初始阶段，我们利用 praat5202 语音分析软件，对总时长约 200 分钟的有声媒体语料进行了重音的语图标注分析。这些语料包括：①凤凰卫视《一虎一席谈》2011 年 3 月和央视二套《对手》2011 年 11 月的两期辩论性节目，其主题都是"异地高考可行吗"；② 2011 年 10 月北京卫视《警法目录》关于"鄢颇被砍案"的法庭审判节目；③ 2012 年春晚小品《面试》节目；④温家宝总理 2011 年"政府工作报告"的录音片段；⑤央视新闻频道 2013 年 3 月 17 日关于第十二届人民代表大会闭幕式的滚动新闻报道。

这些节目代表了不同风格的话语类型，如辩论性节目中不同立场的嘉宾在话语中会真实、自然地流露出个人的思想感情；法庭审判语言强调严肃、客观、理性，没有太多的情感表现；春晚小品语言呈现的是一种源于生活又高于生活的情感夸张的表现方式；政府工作报告则既严肃又有一定的感情表现力；新闻报道反映了播音员对播音稿件内容的准确把握和规律性播报。

在对以上语料中的重音现象进行了初步的观察和归纳以后，我们从中选取了央视二套《对手》2011年11月29日的一期辩论节目作为重点分析对象。选择这个语料考虑到以下因素：语料的真实性、完整性、代表性、可参照性。

1）语料的真实性。《对手》是以辩论体的方式呈现国内外重大经济事件的电视节目，每期针对一个热点话题邀请学术界、企业界、媒体界等社会各界精英进行思想交锋，是在真实的情景下对真实的事件发表个人真实的观点。

2）语料的完整性。这体现在节目编排的完整性上，从话题的选择、嘉宾的邀请到辩论的实施，都是经过事先精心策划、现场严密组织、相互配合而完成的，使得话题在语义的完整性上得到保证。

3）语料的代表性。"异地高考"这个话题牵涉众多方面切身利益，成为两会、各级教育主管部门、媒体及大众关注的热点问题。这期节目邀请的嘉宾及现场发言的观众中有教育研究人员、随迁子女家长、媒体评论员、教育集团人员等，他们对所谈话题有切身的认识或感受，即不同利益当事人在思想感情方面有真实、充分的表现，能代表自然话语的重音表现。

从语言的质量和规模来说，主持人和嘉宾都说的是标准、纯正的汉语普通话，发音清晰；节目时长50分钟，各方发言相对充分，量上也有一定的代表性。

4）语料的可参照性。因为"异地高考"话题之前在凤凰卫视《一虎一席谈》中有过一期类似节目，两个节目可以互为参照，增加研究结论的可信性。

2.1.2　本书中对句子和重音的确定原则及语例的标示方法

2.1.2.1　句子的界定

考察自然口语语篇中重音的分布现象，主要是为了对语篇中的语句重音现象展开分析。但在实际操作中，我们发现，对"句子"单位的确定是一件很令人困扰的事。在汉语语法学界，一般认为有单、复句两种结构形式，其中复句是由两个或两个以上句法上相对独立而语义上又互相依存的小句组成的。问题是，如果在操作中把复句看成一个句子，这就意味着复句中各分句都有自己相对完整的核心成分和语调，而在多重复句中甚至会出现由七八个小句构成的情况，其结果是那些层次较低的分句之间几乎没有多少直接的语义关联了。因而，若按照这样的思路来展开语句重音的语法或语义的分析就会遭遇到一系列不可预知的困难，在操作上自然也是不可行的。

在语音学界，陈玉东（2005）曾经探讨过汉语韵律层级中基本的构造单位这个问题。他认为，小句处于汉语韵律层级中的中枢地位，即小句是语调基本构造的负载单位，具有相对的独立性和表述性。在分析复句等复杂语句的语调构造时，往往需要把复句分解成各个小句才能得以进行。

本书采纳这个观点，将单句及复句中的分句作为一个基本的单位以分析语句中重音的分布情况。鉴于实际话语中常有因语境省略而导致的形式上不完整的句子，本书将高语境下能表达相对完整意义的短语句、省略主语的流水句等都当作一个句子单位。确切地说，本书对句子的界定是以与小句相对应的意群单位为标准的，如下面一段话就是由 11 个小句组成的：

[1] ①观众朋友，大家好！

②欢迎来到财经辩论节目《对手》。

③我是王凯。

④嗯，刚刚大家看了小片啊，

⑤我国现有的高考制度规定，

⑥如果您要报名参加高考，

⑦必须在户籍所在地。

⑧但是，现在随着这个流动人口越来越多，

⑨城市移民越来越多，

⑩很多家庭为此是相当困扰。

⑪孩子到底应该在哪儿考试？

2.1.2.2 重音的确定原则

目前语音学界基本上得到认同的重音确定因素包括音高、音长和音强三个方面，其相互关系还在探讨之中，但大致都认为音高是最为主要的因素。本书对重音的判定主要也以音高、音长和音强的数据为主要依据，必要时把听辨分析作为参考或验证的因素。

本研究使用 praat5202 软件作为获取重音数据的主要工具。Praat 是一款跨平台的多功能语音学专业软件，主要功能是对自然语言的语音信号进行采集、分析和标注，并执行包括变换和滤波等在内的多种处理任务。不同于语音学领域专业性的数据提取和分析技术，本书是在一个比较粗略的水平上做一些实证分析，所确定的重音都是语句中具有相对显著性的重音。

为了相对充分地显示重音的层级性，本书中将语图上音高、音强、音长等因素均较为突出而且听辨中重音听感也较为明显的词语以粗体加重音号的方式来表示，而只有一两个因素突出且听感次强的重音仅加重音号。例如，在"不是在北京没有**高考**机会，就连上学机会都没有了"这个语句中，"上学"音高、音长及音强均较之句中其他词语或成分突出，其重音听感比较明显，此时以下加重音号并标写为粗体来显示；而"高考"在语图上只显示为音强、音长较为凸显，音高则不太突出，其听辨中的重音音感也相对弱一些，此时只以下加重音号的方式来显示。图 2-1 是这句话的 praat 截图示例。

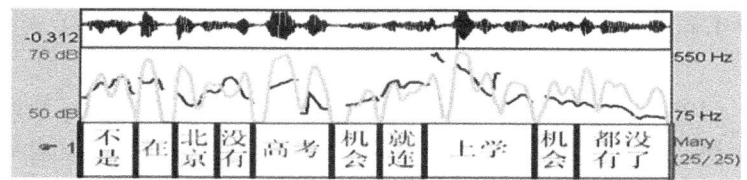

图 2-1　语句"不是在北京没有高考机会，就连上学机会都没有了"的 praat 截图示例

（说明：图中深色线是音高线，浅色线是音强线，底下标注框显示时间比例。）

2.1.2.3　语例的标示方法

本书是基于语篇视角分析汉语语句重音现象的，所以语例大多是超出一个小句的语篇规模。出于不同的例证目的，本书对于语例中小句间的内部分割有不同的标示。比如，上面 2.1.2.1 部分的例 [1] 显示本章中对句子的界定原则，用的是大标号 [1] 加小标号①、②、③等表示作为重音分析的句子单位；而在后面几章探讨重音功能、重音程度或重音突显方式时，我们更加关注的是语义关系，这时候对语篇内部小句的分割就不以本章认定的小句单位为标准，而是为了分析方便以意群为切割原则，意群的大小层级也不确定，主要是为了方便快速瞄定所探讨的重音词语。如果是一个人的独白语段，我们以语例标号加英语小写字母标示，如 [1]a、b、c 等；而如果是多人会话，我们就以语例标号加说话人缩写标示，如 [1] 主（主持人）、郭（郭元婕）等。每一章内部语例标号连续呈现。

2.2　主要理论依据

本书立足于宏观语用学视角探讨语句重音现象。语用学是研究语言运用的学科。而语言运用的一个特点，或者说语言运用跟语言作为一个抽象系统的区别是："意会可以大于言传。"（One can mean more than one says.）语用学研究的主要就是"言传"和"意会"的关系问题，涉及交际的本质、交际者的角色和行为等，即交际中说话人意义的产生和理解机制。语用学的研究视角也从最初的哲学视角逐渐拓展到社会语用学和认知语用学等视角，其中英美语用学的主要议题有：言语行为理论、会话含义理论、关联理论、前景与背景理论等，这些议题都是围绕说话人意图和听话人对意图的推理等核心概念而展开的。本书在对重音分布及重音功能现象进行阐释的时候，主要是以这些理论为依据。下面拟对这些理论议题予以简单的介绍。

2.2.1 言语行为理论

言语行为理论（speech act theory）是第一个完整的重要语用学理论，最初是由英国哲学家 J. L. Austin（1962）提出、由美国哲学家 J.Searle（1969）加以修正和发展的。

Austin（1962）认为，人说出话语不仅是提供信息，而且还实施许多其他的行为，如陈述、提问、请求、劝告、许诺、命令、提醒、感谢等。总的来说，语句可以完成三种行为：言内行为——以言表意的行为（locutionary act）；言外行为——以言行事的言语行为（illocutionary act）；言后行为——以言取效的行为（perlocutionary act）。

Austin 把最为通常意义上的"说些什么"（saying something）的行为称为"以言表意行为"的实施，他主张以言表意行为的基本特征是有意义，即我们以言意指事态或者事实。

以言行事的行为是指使用语句来传达说话人所想达到的目的或意图，即使用语句来完成某种非语言的行为，用公式表示，就是：

In saying X, I was doing Y.

以言行事的言语行为是三种言语行为中最重要的一种。在 Austin（1962）看来，以言行事的言语行为主要包括"提出问题或回答问题；提供某些信息；提出保证或者提出警告；公布一个裁决或者显示一种意图；宣判；任命、起诉或者提出批评；辨认或者描述；以及诸如此类的行为"。

以言表意的行为和以言行事的行为通常是结合在一起的。因为一个语句要完成一个以言行事的行为，就必须通过完成一个以言表意的行为来实现。换言之，某种行为正是在说出某个语句的同时完成的。例如，我任命你为班长这个行为便是在我说出"我任命你为班长"这个语句时完成的。

言外行为是说话人通过话语所要达到的意图，对言外行为的理解就是在对话语本身意义理解的基础上辨别发话人的真正意图，根据会话原则，结合语境，进行语用推理。

以言取效的行为是指使用语句针对听话者产生或取得某种效果的行为。完成以言取效的行为就是一个人在说出某句话时对听话者产生某种效果，不管说话者对此有意或无意。产生以言取效的效果，并不需要完成一个以言行事的行为，以言表意的行为也可以成为以言取效行为的原因。

概而言之,言语行为理论揭示的是:说话者运用语言,可以说出有意义的话语(言内行为),这个话语具有某种特殊的力量(言外行为),并且能影响听话者,从而收到一定的效果(言后行为)。

2.2.2 会话含义理论

会话含义理论(the theory of conversational implicature)是第二种试图解释"意会大于言传"或者说"言传"和"意会"关系的理论。会话含义理论由牛津大学哲学家 Grice 于 1967 年在美国哈佛大学的演讲中首次提出,其后大致经历了"创立—修补—重构"三个阶段,从古典格氏理论发展为新格氏会话含义理论,成为具有广泛解释力的语用学理论。

Grice 认为人们之所以能够意会大于言传,是因为会话具有一些特殊的性质。人与人之间的对话往往是互相衔接的,这种衔接是基于合作原则(cooperative principle)的,即使你的话语,在其所发生的阶段,符合你参与的谈话所公认的目标或方向。(Grice, 1975)"合作原则"包含四条准则(Grice, 1975:45-46):

1)量的准则。a. 所说的话应包含交谈目的所需要的信息; b. 所说的话不应包含超出需要的信息。

2)质的准则。a. 不要说自知是虚假的话; b. 不要说缺乏足够证据的话。

3)关系准则。要有关联。

4)方式准则。a. 避免晦涩; b. 避免歧义; c. 简练(避免啰唆); d. 井井有条。

Grice 把愿意遵守合作原则及其准则看成是符合情理的行为,任何想要实现会话目的的人,都会愿意遵守合作原则。但他也认识到,在实际交际中人们并不总是严格遵守这些准则。当一方违反了这些准则,另一方就要迫使自己超越对方话语的表面意义,寻找说话人在什么地方体现着合作原则,于是产生了"会话含义"(conversational implicature)。

例如,假设 A 跟 B 准备到法国去度假,A 希望方便的话顺道去看一下 C。他们进行了如下对话:

[2]A: Where does C live?

B: Somewhere in the South of France.

Grice 认为 B 的回答信息量不够,不能满足 A 的要求。B 对第一数量准则的这种违反可以被理解为,他意识到提供更多的信息就会违反"不要说缺乏足够证据的话"那条质量准则。因此,B 的回答隐含(implicate)了他不知道 C 住在哪个城市的会话含义。

会话含义是基于合作原则而产生的,它体现了说话人字面意义与言外之意的不一致性。对字面意义的理解是通过解码（decoding）机制，而对会话含义的理解则需要通过推理（inferring）机制。"意图"和"推理"成为格莱斯学派解释交际意义的核心概念。

Grice（1957）将交际定义为"两个（或更多）行为人（agent）之间的公开互动，一方通过一定语境中的某种行为意指某事，另一方则通过观察这种行为来推行它所假定的交际意义，因此交际意义就是第一个行为人公开期望能作用于对方思想活动的一种效果（effect）"。交际意义即说话人意义（speaker's meaning）或非自然意义（non-natural meaning），Grice 也称之为 MeaningNN。格莱斯及后格莱斯语用学派研究的正是这种意义。

Grice 理论中，说话人意义通过说话人意图得到阐释：如果一个行为人打算让某个行为在听话人身上产生一些效果，而这些效果至少部分地是通过听者对那个意图的识别来实现的话，那么这个行为人是通过一个特定行为意指一件事。用形式化语言表述，就是说话人 U（utterer）通过说出 x 意指"某事"当且仅当在下面情形下时是正确的。对于听话人 A（audience）而言，U 说出 x 是打算：

1）A 做出一定的回应 r；
2）A 意识到 U 打算 1）；
3）A 在实现 2）的基础上实现 1）。

(Grice, 1969: 92)

比如，鲍勃穿戴整齐准备去上班，安娜看看窗外，说"天可能要下雨"，于是鲍勃决定带把雨伞。按照 Grice 的理论，如果安娜说那句话是：

1）打算让鲍勃带把雨伞；
2）打算让鲍勃识别意图 1）；
3）打算让鲍勃对意图 1）的识别成为他带雨伞的（部分）原因，而且鲍勃也确实识别了安娜的意图 1）—3）。

那么，这就是一次（成功的）交际。

Grice 将认知概念引入交际研究，交际被认为是一种心智（mental）现象而不是一种单纯的行为。这种基于心智状态（mental states）概念的意图性理论框架（an intentional framework）被证明是最适合于发展旨在解释一个行为人与真实世界互动复杂性的理论，也是当前大部分语用学理论的普遍选择，成为现代交际理论的开端。

在 Grice 之后，法国认知心理学家 Dan Sperber 和英国语言学家 Deidre Wilson（1986）合作提出了关联理论（relevance theory），对交际与认知的关系进行了更为系统、深入的研究。

2.2.3 关联理论

关联理论是一种从认知的角度解释交际的理论,是基于 Grice 的合作原则和 Forder 的模块理论发展而来的。

关联理论认为交际是一个认知过程,交际双方之所以能够默契配合,主要是由于有一个最佳的认知模式——关联性。关联理论的核心观点是,听话人为了理解说话人的意图,要通过认知推理来建立说话人的明说与暗含之间的关联,或寻找话语与语境的关联。这个核心观点可以分解为语言交际模式、认知语境、语境效果及最佳关联原则等几个方面。

2.2.3.1 语言交际模式

关联理论中,语言交际被看作是一个明示—推理的过程,涉及信息意图和交际意图,并且是在关联原则支配下按一定的推理规律进行的。明示和推理是交际过程中的两个方面:从说话人的角度来看,交际是一个明示过程,即把信息意图明白地表现出来;而从听话人的角度来看,交际又是一个推理过程,即根据说话人的明示行为,结合语境假设,求得语境效果,推导出说话人的意图。

关联理论认为明示所包含的内容比人们想象的要丰富,需要依靠推理。对明示的推导涉及交际时的物理场景,而与其相对应的隐含推导,则涉及百科知识或认知语境。说话人意义中的明说是一种信息意图,也是一个交际意图,听话人可以从中获得语境假设,又可以明白说话人传递信息的意图。明示—推理行为大致包括以下五个过程:

1) 说话者 S 发出话语 U(信息意图和交际意图);
2) 听话者 A 接受说话者 S 发出的 U;
3) 话语 U 刺激听话者建立旧信息与新信息之间的关系(解码);
4) 认知语境的参与推导出一系列命题(语境假设推理);
5) 在关联原则的指导下,推导含义,选择命题(寻求最佳关联)。

例如:

[3] A: Do you like baseball?
    B: I am an American.

B 的明示话语提供一个推理的认知环境,使 A 获得 B 是美国人这个语境信息,A 再从自己的认知环境中确认美国人热爱棒球活动这个语境假设。于是,A 就以这两项假设为前提,进行逻辑演绎推理,最终获得 B 热爱棒球这个语境效果。

2.2.3.2 认知语境

关联理论中的语境是认知性质的,是存在于人脑中的一系列命题,主要由词汇信息、百科信息和逻辑信息这三种信息组成。认知语境的因素可以归结为两点：①表示受话者运用特定的逻辑关系进行推理的能力以及关于语言能力和语言交际规则的认知能力，即人们从长期的生活经验中所形成的稳定而抽象的普遍世界观。②直接环境，它是短期而变化的：新信息产生时，旧信息随时都可能会被遗忘。由于人们的认知结构不同，三种信息组成的认知语境也会因人而异。面对新信息的刺激，不同人会有不同的语境假设，使交际成功的关键因素是互明（mutual manifestness）。互明是指交际双方对认知环境中的事实或假设在心理上能做出共同的认知和推断，（Sperber & Wilson, 1995:38-46）是交际双方的认知环境相互显映的一部分，当交际双方的认知环境中显映的事实和假设相同时，就产生了认知环境的重叠，这种重叠部分构成了交际双方共同的认知语境，即理解话语的认知语境。互明是交际的前提，用以保证交际的成功实现。

认知语境是一种动态变化的语境，是话语理解过程中不断选择的结果。在推理过程中，语境信息通常被当作已知前提，与受话人所做的假设一起，被送入语用推理规则中，推导出一个结论。这个结论是受话人对会话含意或者说对意图意义的假设。语境效果的产生本质上说都是对受话人认知语境的改变，即产生一个新的语境，这一新的语境又以概念表征的形式储存在人脑中，成为未来理解的潜在认知语境。

2.2.3.3 语境效果与最佳关联原则

关联理论把关联看作常项，把语境看作变项。关联性与处理话语所付出的努力和所获得的语境效果这两个因素密切相关，即在相同的条件下，为处理话语付出的努力越小，关联性越大；在相同的条件下，获得语境效果越大，关联性越大。把两者结合起来就是：付出的努力最小而又能产生足够的语境效果，就具有最佳关联性。在此基础上，Sperber & Wilson（1995:260）提出了规范和理解言语交际的关联原则：

1) 关联的第一（或认知）原则：人类认知常常与最大关联性相吻合。

2) 关联的第二（或交际）原则：每一个明示的交际行为都应设想为它本身具有最佳关联性。

关联的第一原则与认知有关，可以预测人们的认知行为；而关联的第二原则与交际有关，是建立在关联第一原则基础之上的。

关联理论认为，不管交际者是否遵守合作原则，交际者总是从认知语境中选择最佳关联的假设，以最小的处理努力去获取最大的语境效果，从而建立最佳关联。（Sperber & Wilson, 1995:158）。例如：

[4] A: Where does Mary live?

    B: Somewhere in the South of Italy?

例 [4] 中 A 和 B 讨论是否去 Mary 家。如果 B 回答时明显表现出不愿意说真话，那么 A 就会根据 B 的回答结合当下语境推出 B 不愿意去 Mary 家；相反，如果 B 回答时明显表现出真诚，那么 A 就会根据 B 的回答结合当下语境推出 B 真的不知道 Mary 家的地址。

总之，关联理论认为人类的语言交际是以关联为取向的，是一个认知—推理的互明过程，话语的理解是建立在对语境的认知推理基础上的。

2.2.3.4　概念意义和程序意义

交际原则解释了话语为什么能够继续下去，以及话语为什么能被别人理解。对于说话者而言，要注意使自己的话语不至于误导听话人，因为对于交际场合的每一个话语，听话者可能不容易理解说话人的意图或者有完全不同的理解；而对于听话者而言，语境和话语内容之间会出现完全不同的组合（语境假设），对于每一种组合听话者都要付出努力进行推理思考，以取得较好的语境效果，保证交际的进行。

关联理论学者对于话语交际中提高理解效率的手段方面也有很多研究。Blakemore（1987，1992，2002，2003）认为一个话语可以对两种基本意义进行编码：概念意义和程序意义。前者对话语表达的明示信息和暗含意义都起一定作用，并通过增加话语的关联假设提高明示交际行为的关联性；后者却对理解明示信息和推理暗含意义在程序上进行制约或指引，使听话人付出较小的努力去获取更大的语境效果。Sperber & Wilson（1995:258-259）也强调了区分概念编码（conceptual encoding）与程序编码（procedural encoding）的重要性，将话语推理的认知分析又向前推进了一步。

2.2.4　认知加工理论

言语行为理论、会话含义理论、关联理论等越来越系统深入地阐述人类交际中的隐含信息和语用推理，促成了语用学研究的认知转向，而前景—背景（figure-ground/foreground-background）理论则是从认知视角来解读交际的一个重要理论基础。

认知科学将人脑看作是一个信息加工系统，主要研究认知过程中的注意、知觉、表象、记忆、思维和语言等的信息加工现象。其中，前景—背景理论（figure-ground contrast）是一个重要的、基本的认知结构概念。前景—背景的对立是人在知觉客观世界时形成的，人总是有选择地把少数事物当成知觉的对象（object），而把其他事物当成知觉的背景（background），以便更清晰地感知一定的事物与对象。Talmy（2000）认为，作为前景（figure）的感知对象和背景相比具有体积较小、更具移动性、意识中更为显著等特点。Langacker（2004a:120）指出，一个情景（scene）中的前景（figure）是一个与其他部分背景（ground）相比感觉突出的成分，这个成分作为核心实体（pivotal entity）而受到特别凸显，情景围绕它而组织，为它提供语言场景（setting）。在话语的组织和推进过程中，前景与背景是互相依赖、互相转化的，而这与注意的选择性有关。注意与认知处理的强度或能量水平有内在关联，经验层面上转化为更大的凸显性或显著性。当注意指向某种事物的时候，这种事物便成为前景，而其他事物便成为背景。当注意从一个对象转向另一个对象时，原来的前景就成为背景，而原来的背景便成为知觉的对象，成为前景。而注意的唤醒是需要一定代价的，比如使用程序性编码手段等。

2.3 本章小结

本章是对本书的研究方法和主要理论基础的一个交代。本研究的宗旨是立足于语用学视角，借鉴播音学的语篇视角和语音学的实证研究方法，对汉语语篇重音现象进行描述和阐释。在语料方面，我们选取了具有话语真实性、语义完整性和实证可操作性的电视谈话节目，并对"重音"和"语句"等操作概念进行了界定。在理论依据上主要介绍了诸如言语行为理论、会话含义理论、关联理论、认知加工理论等一些重要的理论。这些理论是循着一条越来越深入细致的路线来解释人类交际特征的。比如，言语行为理论提出的言外行为概念初步指向了说话人的"交际意图"；会话含义理论则为交际意图增加了"推理"的概念，初步引入了认知视角；关联理论结合认知加工的理论，进一步阐述了交际推理的原则，并且强调了"区分概念性意义和程序性意义"的重要性；前景—背景理论则是从认知的视角阐释人类交际的"信息加工"过程。这些理论为我们在下文展开重音现象分析提供了基础性的理论依据。当然在具体分析的过程中，我们还会适当地细化这些理论中的某些具体观点，或引入语言的主观性、冗余性等一些其他相关的理论来作为具体研究的补充。

第 3 章　重音分布：对自然话语中"常规"与"非常规"重音现象的描述与解读

当前重音分布规律是诸多学科如语言学、计算机语音合成等领域的研究热点和难点之一，也取得了一些共识性的成果。其中，"重音居后"规则被发现是一种语言共性，即语句重音倾向于落在靠近句末的成分上，如主谓之中谓语重读、主谓宾之中宾语重读等。那些符合"重音居后"规则的重音被视作"常规重音"，由句法规则决定；而出现在非句末位置的重音则被称为"非常规重音"，是由语用等方面的因素决定的。

两类重音不仅确定因素不同，"常"与"非常"的标示也显示了它们在出现频率上的差异。所谓"常规"，应该是出现频率更高，属于无标记状态，而"非常规"则是出现频率较少，属于有标记状态。

鉴于以往对重音现象的研究主要是在静态语境下进行的，所得到的规则是否也适用于真实语篇，或者说从语篇视角总结的重音分布规则是否与句法视角总结的重音分布规则一致，这正是本章要探讨的主要内容。

3.1　重音分布现象的描述

3.1.1　近年对汉语语句重音分布规则的实证性研究

对汉语语句重音分布规则的研究已从早期观察性的描述总结发展到现在的实验性研究。

在汉语学界，徐世荣（1961）最早系统、完整地描写了汉语重音分布状况。徐文在总结汉语"意群重音"（与"强调重音"、"感情重音"相对）的分布状况时，大致提出了 9 条总的原则，其中 6 条都可以用重音居后来概括：主谓之中谓语重读、主谓宾之中宾语重读、无主句中宾语重读、主谓补之中补语重读、主谓补宾之中宾语重读、兼语式中兼语后的谓语重读等。另外，他也发现定语和状语一般都重读、疑问代词优先重读等现象。胡裕树（1987），黄伯荣、廖序东（1983）等也都有类似总结，认为主谓结构谓语重、动宾结构宾语重、述补结构补语重、偏正结构的修饰语重、联合结构各成分等重、同位结构主名重。

近年，叶军、王韫佳、王丹等基于实验室语音数据所做的实证性研究也大致支持了上述论点。

叶军（2001）从电台广播节目中选了一段约 20 分钟、共 3 616 个音节的普通话口语材料，并根据听辨人对音节轻重的综合评价来确定重音，统计了其中各种句法结构中重音的分布情况。研究结果显示，主、谓之间出现重音的概率比为 1∶4.8，动、宾之比为 1∶2.6，中心语、修饰语之比为 1∶5.3，等等，述补结构比较复杂，但由语序决定的重音也落在补语上。

王韫佳等（2006）研究了 300 个自然语句语义重音分布情况。他们在区分语义重音和节奏重音的基础上，还将焦点重音从语义重音中提取出来单独研究，另外还分别研究了语义重音在句子成分和短语中的分布情况。下面是相关的三个重音分布表格，见表 3-1、表 3-2、表 3-3。

表 3-1　语义重音在各句子成分中的分布

分布参数	句首状语	主语		状语	谓语	宾语		补语
		定语	中心词			定语	中心词	
N	26	84	98	119	81	169	208	26
R（%）	0.14	0.19	0.23	0.28	0.15	0.41	0.30	0.26
T（%）	0.57	0.77	0.90	1.12	0.59	1.63	1.20	1.02

（说明：表 3-1 中 T 代表重音分布倾向系数，R ＝某句子成分获得语义重音的词的总数/该成分所含的词的总数；F ＝语料中获得语义重音的词的总数/语料中词的总数。T ＝ R/F，T 越大，该成分获得语义重音的倾向性也越大。）

表 3-2　七种短语中重音的分布倾向

分布参数	联合 A	联合 B	主谓	述宾	定中	状中	述补
N	24	37	63	102	334	170	16
T 前∶T 后（%）	0.48	1.01	0.39	0.26	1.89	1.33	2.43

（说明：表 3-2 中"T 前∶T 后"是短语中前后两个成分的 T 之比，如果 T 前∶T 后大于 1，说明重音倾向于落在短语的前一个成分上；小于 1，则说明重音倾向于落在短语的后一个成分上。）

表 3-3　焦点重音在四种句型中各句块的出现次数

句型＼句块	句首状语	主语部分		状语	谓语	宾语部分		补语
		定语	中心词			定语	中心词	
主—动—宾	2	13	34	29	10	61	75	0
主—谓	0	9	12	24	39	1	1	6
动—宾	2	3	3	14	3	25	38	1
其他	1	4	3	7	3	2	1	1

以上研究数据一方面大致支持了主谓、述宾结构中的语义重音后置和偏正结构中的重音前置倾向，另一方面也发现语义重音在短语和句子中的分布规律不尽相同。他们发现，一方面，传统重音理论中重音居末的规律主要存在于语句层面，在短语层面的表现则不明显。另一方面，偏正结构中修饰语重的规律在短语层面有较为突出的表现，在语句层面的表现并不普遍。他们据此得出结论，传统重音理论所强调的偏正结构的修饰语重，其实是关于短语层面的重音分布规律的描述。

王丹、程宗军、郑波、杨玉芳等（2007）采用心理统计方法对中等规模语料库进行分析，探讨句法、韵律及其与声学相关物之间的关系。该文的文本语料库包括 500 个句法结构较完整、能覆盖较大部分语法结构类型的句子，由播音专业女生发音，构成相应的口语语料库。他们的目标是根据汉语口语常规重音分布的规律，研究普通话常规重音分布规则及其在实际话语中应用的先后次序，以便最终建立适用于汉语文语转换系统的常规重音分布规则系统。

研究中他们将句法结构分为六类：主谓结构、述宾结构、述补结构、定中偏正结构、状中偏正结构、并列结构。所获得的常规重音分布规则分为三类：基本规则（用 B 标示），就是前人发现或论证的规则，用于处理最普遍的句法与常规重音的关系；特殊规则（用 S 标示），主要用于挑选出不符合基本规则重音配置的特殊语句；优先规则（用 P 标示），主要用于处理复杂句法结构中基本规则的优先使用顺序。下面是具体的研究结论。

（1）主谓结构

1）B1.0 谓语负载常规重音，其中谓语中部和后部比主语中部和后部要重，但是两者前部重读程度差不多。

2）S1.1 主语为指示代词或疑问代词，则主语谓语同样重。

3）S12 谓语前有"能愿动词"，主要动词负载常规重音，能愿动词略重。

4）S1.3 谓语为"是字结构"，"是"字不重读，后面成分负载常规重音。

5）P1.1 主谓宾结构中，宾语负载常规重音。

（2）述宾结构

1）B2.0 宾语负载常规重音，并且与位置无关。

2）S2.1 宾语为人称代词，则述语负载常规重音。

3）S2.2 "是"字句中，"是"字不重读，由其他成分负载常规重音。

4）S2.3 能愿动词一般轻读，其他动词负载常规重音。

（3）述补结构

1）B30 补语负载常规重音，并且与位置无关。

2）S3.1 虚词作补语，则述语负载常规重音。

3）P3.1 主谓补结构中，补语负载常规重音，主语和谓语重读程度相近。

（4）定中偏正结构

B4.0 中心语负载常规重音。

（5）状中偏正结构

1）B5.0 状语负载常规重音。

2）S 5.1 介词结构为状语，中心语重。

3）S 5.2 "在"构成的介宾结构里宾语重。

4）S 5.3 中心语为述宾结构，宾语重。

5）S 5.4 副词为状语，一般中心语重。

6）S 5.5 "一"作状语，后面动词重读。

7）S 5.6 部分副词为状语，副词重读。

（6）并列结构

1）B6.0 前部负载常规重音。

2）B6.1 有连词，连词轻读，其他部分负载常规重音。

王丹等的研究报告认为，他们的研究根据句法与常规重音分布的统计分析得出的最终结论基本符合传统看法，只是在一部分细节上发现了新问题。

总之，不论是早期基于直觉观察得到的重音规则，还是近年来基于实验的重音规则，都认同"重音居后"的基本规则。但是，上述对于重音规则的实证性研究还仅局限于不连贯语句和实验室发音（通常为1—2名播音专业人士发音）。这些研究结论与真实交际中的自然话语的重音现象是否吻合，这是本章接下来要探讨的问题。

3.1.2 基于真实话语的重音分布情况

按照第2章界定的句子标准及重音确定标准，我们将所选央视《对手》节目"异地高考可行吗"中主持人及嘉宾的话语分为1 050个小句，共提取1 732个重音，其中强重音 634 个，次强重音 1 098 个。平均每句话约 1.6 个重音。下面先对重音在小句中的分布位置及成分情况进行分析。

3.1.2.1 重音的位置和成分

本章将重音位置分为句首、句中和句末三种情况。句首位置主要承载句子内的主语、话题、定语、全句状语、句首无主语的谓语和句子间的关联性词语、插入语；句中位置主要承载谓语、谓语状语、复杂句子结构中具有兼语性质的成分及前置宾语；句末位置主要承载无宾语的谓语、宾语、定语、补语。

句法位置是个线性分类，相对直观和易于操作。而对于重音词语的句子成分的判定，则更为复杂一些，因为句子构造的递归性或层次性因素使得一个句子结构成分可能包含多个层次不等的重音词语，这些重音词语在不同层次中的成分性质又是不一样的。本章对重读词语的成分主要按照所在的较高层次的结构划定。如"把孩子从上海带回北京"中的"上海"是介词"从"的宾语，这个介宾短语又是句子的状语。在本章统计中，这样的情况被标注为状语。另外，对于句子中存在类似宾语小句或兼语句的现象，严格区分起来也比较复杂。（邢欣，2004：104-114）因为本章更关注的是重音成分的位置，所以就不做细分，统一将相关成分如小句主语或兼语句主语都标注为兼语。具体标注情况如 [1] 所示。

[1] a. 我认为（句中谓语）放开（句中兼语）异地高考势在必行（句末谓语）。

b. 我是很赞同（句中谓语）她的一些表达的。

c. 我们现在随着国家的这个经济社会的发展，

d. 那么（句首关联状语），户籍制度（句首主语）到底（句中状语）对我们国家这个人口的管理和社会的经济政治的发展是促进（句末宾定）作用还是制约（句末宾定）作用呢？

e. 现在（句首状语）已经有了一个在我们国家经济发展转型期的一个矛盾（句中兼语）出现了。

f. 所以（句首关联词），我是很（句中状语）赞成（句中谓语）就是说把异地高考（句中状语）放开（句末谓语）。

g. 但是（句首关联词）也是（句中状语）要（句中状语）逐步地放开，

h. 要有条件（句末宾定）的这个限制（句末宾语），

i. 让它稳稳当当（句中状语）地发展下去。

j. 这样（句首状语）就是说以学籍（句中状语）代替户籍，

k. 这是一个很好的措施。

在 [1a] 中，"放开"是句子宾语成分中的次级主语的一部分，就将它当作句中兼语成分，"势在必行"也作为一个整体被当作句末谓语。

[1d] 中"户籍制度"中的"户籍"与"制度"一起被整体当作句首主语来处理，而"促进作用还是制约作用"中的"促进"和"制约"则因为承担显著的语义对比作用而被单独处理为句末宾语的定语（句末宾定）。

[1e] 中"矛盾"是前面"有了"的宾语，又是后面"出现"的主语，所以也处理为句中兼语。

[1f] 中"把异地高考放开"中的"异地"和 [1j] 中的"以学籍代替户籍"中的"学籍"都按照它们所在的介词短语标注为句中状语了；[1f] 中的"放开"被当作句中小句的谓语。

以上是对语料中重音词语成分标注的基本思路，不能保证所有标注都是确切的。比如对于句中兼语成分我们就处理得不够细致，但兼语数量很少，在整个语料中只占极小比例，即使存在误判，也不会影响语料数据整体的有效性。下面表3-4是重音位置与成分的数据总汇。

表 3-4　重音的位置与成分

重音位置	位置	数量	百分比	位置	数量	百分比	位置	数量	百分比
	句首	663	38.28%	句中	697	40.24%	句末	372	21.48%
重音成分	成分	数量		成分	数量		成分	数量	
	插入语	5		状语	453		定语	173	
	关联词语	183		谓语	172		宾语	120	
	状语	132		定语	32		无宾谓语	72	
	定语	121		兼语	38		补语	6	
	主语+话题	202＋10		前置宾语	2		状语	1	
	无主句谓语	10							

3.1.2.2　对重音分布"常规"与"非常规"情况的分析

符合重音居后规则的"常规"重音本应该出现频率更高，但上述语料数据却显示，"非常规"重音现象似乎出现频率更高，更为普遍。

首先，单从位置来看，重音在句首、句中与句末的分布比例分别为38.28%、40.24%和21.48%，前两者比例接近，但均大于句末分布比例。

这个比例结构在节目中6位嘉宾和主持人的话语中也有着相对一致性的表现，具体统计情况如表3-5所示。

第3章 重音分布：对自然话语中"常规"与"非常规"重音现象的描述与解读

表3-5 主持人及嘉宾话语的重音位置与重音比例

说话人重音数量	重音位置	句首		句中		句末	
		个数	比例	个数	比例	个数	比例
主持人	314	118	37.58%	112	35.67%	84	26.75%
郭元婕（正方嘉宾）	252	109	43.25%	99	39.29%	44	17.46%
谭玉红（正方嘉宾）	283	111	39.22%	111	39.22%	61	21.56%
曹保印（正方嘉宾）	136	56	41.18%	52	38.23%	28	20.59%
朱煦（反方嘉宾）	469	171	36.46%	203	43.28%	95	20.26%
王海涛（反方嘉宾）	142	47	33.10%	60	42.25%	35	24.65%
丁兆林（反方嘉宾）	136	51	37.50%	60	44.12%	25	18.38%
总计	1 732	663	38.28%	697	40.24%	372	21.48%
标准差			3.05		2.81		3.07

表3-5的数据显示，七组话语在句首、句中和句末三种位置上的标准差分别为3.05、2.81和3.07，表明它们在相应位置上的数据离散性不高，较为接近，如句首比例都在33%—43%，句中比例都在35%—45%，而句末比例都在17%—27%。这在一定程度上说明重音在句法位置上的分布结构有相对的普遍性和稳定性。

如果只看句子基本成分主、谓、宾的重音情况，那么三个位置上的基本句子成分的重音比例分别为37.88%、29.35%和32.77%，也没有体现出句末位置重读的明显倾向。

比较句子基本成分主、谓、宾与附加成分定、状、补的重音比例，它们分别为40.54%和59.46%，附加成分比例更大。汉语中除补语外，定语和状语一般都在所修饰词语之前。语料中补语只有6个，所以从统计数据上来看，更呈现出重音居前的特征。

最后，再看句内成分与句间关联性成分的重音概率在纵向上的对比。句内成分的重音率平均约为23%；相比之下，句首关联性词语的纵向重音率则明显高很多，约为69%。关联性词语作为小句间语义或时序衔接的桥梁，一般位于句首位置，这类词语的高重音率对于重音居后规则也呈现出不支持倾向。

总之，理论上的"常规"与"非常规"重音在上述语料中没有得到切实的验证。相反，"非常规"重音现象似乎更为普遍。

3.2 对重音分布现象的重新解读

在汉语学界，对重音分布规则的解释性研究主要有赵元任（1968）、冯胜利（1997）、端木三（1999）、叶军（2001）等，这些在本书绪论部分已经有所交代。他们主要都是从句法规则的角度进行解释的，整体上的倾向大致可以概括为两点：①基本结构"重音居后"的倾向；②附加结构"重音居前"的倾向。关于两类结构的区分，冯胜利（1997：70）曾指出，一个句子的主、谓、宾、补成分是句子的基本成分，叫作"基础结构"，是第一性的；而句子中的定语、状语成分都是修饰成分，叫作"附加结构"，是后加的。

叶军（2001）基于深层信息结构的总体趋向所总结的信息、句法和韵律的结构关系配置图，见图1-1。已有的研究是铺路石，但也有需要有所突破和完善的空间。本章采用冯胜利（1997）对结构的二分观点和叶军（2001）的多视角研究方法，同时借鉴端木三（1999）运用一个原则的理念，尝试从理论层面论证"重音居后"规则的合理性。具体做法是在叶军的配置图中增加语义结构和认知结构两个层面，并逐步确立认知结构、信息结构、语义结构、句法结构和韵律结构的对应关系，以系统解释与语句各层面相关的重音现象。不过本章将冯胜利基本结构中的补语划入附加结构，理由下文待述。

首先要做的是将"重音居后"规则的解释范围拓展到句子附加结构的成分上去，使与句子结构有关的重音成分都可以得到一个统一的"常规"性的解释，主要是将句法层面的"谓语重读"规则调整为语义层面的"述谓重音"规则。我们认为，只要找到基本结构和附加结构在语义层面的同质性，就可以很好地解释短语或小句层面附加语重读现象的内在机制。

语义结构的述谓重音背后是信息结构和认知结构规则。新信息重音规则及前景—背景的认知加工理论可以用来解释句子层面及小句次层级（如动宾结构）的重音居后现象。

下面先从小句的"重音居后"规则谈起。

3.2.1 "述谓重音"：小句层的重音"居后"及附加语重读现象阐释

本节小句概念是指与简单述谓结构对应的句法形式。基本结构的"重音居后"和附加结构的"重音居前"现象从句法形式上来看是不争的事实，而将"主体—述谓"（subject-predicate）的语义结构考虑进来，就可以找到基本结构和附加结构在语义层面上的同质性。语义视角的"重音居后"规则实质上就是"述谓重音"规则。

3.2.1.1 "主体—述谓"语义结构与"主语—谓语"句法结构

隋然（2008）在探讨人的语言意识、语义结构及句法结构间的关系时，认为"主体—

述谓"语义结构是客观世界"事物—特征"在人的语言意识中的反映，即人类语言意识的结构是一种深层的"主体—述谓"结构："事物 —（潜在）主体—普遍特征—（潜在）述谓"。表现在语句形式上，主语部分表示事物（潜在主体），谓语部分表示普遍特征（潜在述谓）。

现代语言学采用"谓词—论元"（Fx）的数理逻辑研究方法，不仅可以展示语义结构的"主体—述谓"二元性和语法结构的"主语—谓语"二元性的对应关系，而且更为重要的是提供了解释句法成分多元性和结构层次性的内在依据。刘辰诞（2005）认为，论元结构是语义和句法的接口，语义论元结构受概念结构制约，并由谓词调整和分派论元数目和角色，再投射到句法结构层面形成句法上的论元结构。

3.2.1.2 基本述谓结构与降格述谓结构

语义论元结构即述谓结构（predication）。Leech（1981:144-146）在讨论述谓结构时提出了从属述谓结构和降格述谓结构的概念。它们是构成复杂述谓结构的组成成分，而复杂述谓结构是简单述谓结构的有层次的组合。其中，一个述谓结构被降到特征的地位而成为另一个述谓结构的一部分，它就是降格述谓结构（downgraded or featurized predication）。降格述谓结构的作用相当于一个特征，但它的内部结构却和述谓结构一样。降格述谓结构在句法上表现为关系从句或更简洁的短语形式，如：a man who was wearing a wig；a man wearing a wig；a bewigged man。Leech 根据降格述谓结构能扩展为充当谓词特征的述谓结构的现象，将降格述谓结构分为限制性述谓结构和修饰性述谓结构两类。限制性述谓结构出现在论元里，起定语作用；而修饰性述谓结构出现在谓词中，起状语功能。

3.2.1.3 基本结构与附加结构

论元结构理论从核心述谓所标示的事态完整性出发，对谓词所涉及的各种语义成分做了基本论元和卫星论元的区分，其中基本论元是内、外论元，大致相当于宾语和主语，卫星论元则是补语、状语类。（刘辰诞，2005）这可以解释一般认为的句子的主、谓、宾是主干或基本成分，定、状、补是附加成分的看法。潘国英（2010）在讨论六大句法成分在句中的语义功能时，发现它们在述谓性上形成了渐变的一个连续统，即主语＜宾语＜定语＜状语＜补语＜谓语。补语在述谓性上仅次于谓语，强于状语和定语，这样介于基本成分和附加成分之间的句法成分具有自身的界限模糊性，归到哪一类都有一定的理据，也有一定的不相容性。金立鑫（2009）就提出过对补语做次级谓语和后置状语二分的观点。

冯胜利（1997）在划分基本结构与附加结构时，将补语归到了基本结构。从语义结构的完整性以及与主谓、述宾结构在重音分布规则上表现出的语序上的一致性来看，将补语划入基本结构是有其道理的。但另一方面，从补语的性质和地位来说，述补结构和述宾结构还是有些本质的不同。主谓或主动宾结构是由一个简单述谓结构投射而来,表现为最基本的小句形式;而述补结构则是由两个述谓结构压缩而成。李临定(1995)在总结汉语造句方式时,将保留原双句中的两个谓语动词(或形容词)的压缩句称为"双句挤压综合型"的二级。如:哥哥打弟弟+弟弟哭了。——哥哥打哭了弟弟。可以说补语是压缩句中的一个降格述谓,是复杂述谓结构的投射,不是最基本小句的必要成分。从这点考虑,本章将补语归于附加结构,不过与定语、状语的前置修饰不同,它在句法上是后置修饰。吕叔湘(1979:76)也曾认为表示结果和程度的补语也可以叫作"后置的状语",如"慢慢地说"和"说得慢"。

3.2.1.4 基本结构与附加结构在语义层面的同质性

简单述谓结构是基本的述谓结构,语义结构完整,在句法上能独立完成陈述,表现为最基本的小句形式。上述基本结构如主谓结构、述宾结构在句法论元结构上与一元、二元、三元等语义论元结构对应,属于基本述谓范畴;而附加结构如述补结构、定中结构和状中结构在句法上独立完成陈述的能力降低或没有,但在语义层面同样具有相对完整的语义结构,属于降格或特征化了的述谓结构。和述谓结构一样,它也是"主体—述谓"语义结构模式。鉴于述谓结构和降格述谓结构,与基本结构和附加结构的语义—句法对应关系,可以推导基本结构和附加结构在语义结构上的同质性。

语义结构的"主体—述谓"对应于句法结构的"主语—谓语",那么怎么解释小句层面基本结构的"重音居后"和附加结构(定中、状中)的"重音居前"倾向呢?

3.2.1.5 述谓结构重音"居后"的表象与实质

基本结构和附加结构相反的重音分布现象是由于它们不同的述谓结构的性质和地位决定的。附加结构是降格的述谓结构,而根据Leech(1981:145-146),每一个降格述谓结构本身都能根据语义成分内容进行扩展,扩展与包括它的上一级述谓结构有密切关联。一个降格述谓结构总是具有它所在的论元的剩余部分的部分内容:这个述谓结构里面的论元之一与述谓结构之外的主要的论元的一部分互参(即所指相同)。即起定语作用的限制性述谓结构或起状语作用的修饰性述谓结构其"主体"与它们所修饰的中心语是同指的,而这些修饰语本身是"述谓",如"a man who was wearing a wig"中降格述谓结构的主体"who"与中心语"man"同指,"was wearing a wig"是其述谓,它的最简压缩形式"a bewigged man"中述谓由"bewigged"体现,位置也提到中心语之前了。由于修饰语一般前置,这样就导致了降格述谓结构与基本述谓结构在句法上相反的语序体现。汉语中修饰语前置更为典型,如"善良的姑娘"这个降格述谓结构与"姑娘是善良的"这个基本述谓结构,其语义结构是一样的:"主体(姑娘)+述谓(是善良的)",但句法表现顺序相反。状语和补语是动词的修饰语，它们的主体比直接作名词修饰语的定语相对复杂，但其述谓身份是明确的，都是从一个述谓结构降格而来。如状语的语义结构：狠狠地（打）——打的方式（主体）+是"狠狠地"（述谓）；补语的语义结构：（打得）狠——打的程度（主体）+是"狠"的（述谓）。

"重音居后"规则在语义结构层面表现为重音落在述谓部分，句法上体现为谓语重音。在基本句子的"主语—谓语"二分结构中谓语居后，所以句法上呈现为"重音居后"的规则或倾向。附加结构中定中、状中"重音居前"是一种句法表象，它实质上也是语义层面上的述谓重音导致的。重音落在修饰语上，是因为修饰语是语义结构上的述谓角色，相当于句法上的谓语。赵元任（1979：49）也曾经提出，修饰语位置上的形容词或副词常常起逻辑谓语的作用。动补结构"重音居后"也是述谓重音的结果，因为它的修饰语本来就是后置的。

3.2.1.6 述谓结构重音"居后"的实证性数据

如果从主谓两分的句子结构及核心谓语与逻辑谓语归一的视角再来看前面的语料数据，我们就会看到"重音居后"在真实语篇的语句中也是一种"常规"现象。

先看句子主、谓、宾这三种主要成分的重音情况。语料中主语及话题重音212个，谓语重音254个，宾语重音122个及句中兼语38个。主语部分重音比例占三者总数的33.87%，谓语部分占66.13%，基本符合汉语语句"重音居后"的原则。

再将句子成分扩大到定、状、补，这三者重音加起来共918个。将它们视为"逻辑谓语"，那么主语部分占13.73%，谓语部分占86.27%，从理论上来说也是支持"重音居后"规则的。具体情况如以下 [2] 所示。

[2] **我认为**（谓语）放开（兼语）异地（定语）高考是可行的，
至少（状语）是体现了教育公平（定语）的理念。
我孩子（主语）呢是出生（谓语）在北京（补语），
在北京长大。
是因为（状语）不能（状语）在北京高考，
所以呢在今年参加中考的前后，
我做出了今生**最艰难**（定语）、**最痛苦**（定语）的抉择。
一共（状语）有三道门槛（主语）卡在我们面前：
第一道（主语）呢是户籍，
第二道（主语）是学籍，
第三道（主语）是教材（定语）和考试科目（定语）的不统一（宾语）。
每一道（定语）槛儿都是难以逾越的，
无论怎么（状语）选择都是错误的，

是政策（主语）早已经注定（谓语）的。
所以说（状语），现在（状语）孩子虽然在北京上高一了，
但他只是一个黑户学生（宾语）。
无论（关联词）在北京还是在户籍地（状语），都（状语）没有（谓语）学籍。
将来（状语）高考呢只能按社会招生（状语）来报名，
但是**社**会（定语）考生呢又不能参加公**安**（定语）、军**队**（定语）、国**防**（定语）等类学校的招生，
也不能（状语）参加全国一**百**（定语）多所名**牌**（定语）大学的自主招生（定语）。
即使（关联词）是同**等**（定语）的分数呢，
也会优先（状语）选择有学籍（定语）的**应届**（定语）毕业生。
而（状语）我（定语）儿子呢本来他**就是**（谓语）一个应届毕业生。
是（状语）**政策**（主语）使他变成（谓语）了一个社会招生（定语）。
所以说（状语），我觉得现在（定语）的这个高考政策，
就像（状语）是给北京的孩子多了（谓语）一双（定语）隐形的**翅膀**（宾语），
而（状语）把（状语）外地孩子这个稚**嫩**（定语）的翅膀**残酷**地（状语）、无情地给折断了。
所以（关联词）我觉得**非常**（状语）地不公平（谓语）。
我希望（谓语）这（定语）个方案能早日实施。
救救（谓语）孩子们吧。

以上例 [2] 是正方嘉宾谭玉红作为学生家长的一段观点阐述，这段话语中主语重音出现 7 次，谓语重音和宾语重音各出现 10 次和 3 次。这样一来，谓语部分的重音比例是 65%，与上述对全篇的谓语部分重音统计数据 66.13% 是基本相当的。例 [2] 中定、状、补的重音频次分别为 23 次、21 次和 1 次，这样全段话语中作为"述谓"部分的重音达到 58 次，"述谓"成分重音比例为 89.23%，也与对全篇的统计数据 86.27% 一致。

总之，语料数据可以间接支持"述谓重音"规则。

3.2.2 新信息重音：句子层及小句次层级的重音"居后"现象

3.2.2.1 信息结构与认知结构规则

语义结构的述谓重音规则背后是信息结构和认知结构规则。Halliday & Matthiessen（1994:95）在研究话语推进问题时指出，英语话语推进呈现为不间断的系列旋律单位，每个旋律单位体现一个信息单位，一般与小句重合，由已知信息和

新信息构成。在信息交流中,我们需要把已经积累的已知信息作为出发点,然后加上些新的内容,所以缺省情况下信息结构是按照"旧信息+新信息"的顺序构成的。

信息结构与语义结构有比较整齐的对应关系,"主体—述谓"语义结构是客观世界"事物—特征"在人的语言意识中的反映,述谓的功能即是对事物的特征有所陈述,提供新信息。徐长福(2009)从哲学视角探讨了述谓结构最一般的形式"s 是 p"中主、谓之间的关系问题,认为主词的作用只是指出一个对象以让谓词去述谓,相当于设定一个意义的空格以让谓词去填补,是为意义虚项;相比之下,谓词的作用就在于作为一个特定的意义去填补主词的意义空格,是为意义实项。

新信息借助语调重音(或叫语调凸出)来体现,通常处于语调的末尾,落在最后一个重读音节上。(Halliday & Matthiessen,1994:95)新信息重读规则反映在语义结构上就是述谓重读规则,再反映在句法结构上就是谓语重读规则。

新信息为什么要重读呢?关于新旧信息互动的过程,Erteschik-Shir(2007:44)曾从话题—焦点视角总结出了一个牌堆的比喻:话题(旧信息)是引导听话人确定一堆牌最上面的一张;焦点(新信息)是引导听话人或者打开一张新牌把它放在牌堆上面或者寻找一张已有的牌并把它放在牌堆上面;而更新(update)是引导听话人把焦点放在话题牌上,然后复制由焦点规则激活的所有牌。焦点激活的过程可以从认知领域寻求线索。

认知科学将人脑看作是一个信息加工系统,主要研究认知过程中的注意、知觉、表象、记忆、思维和语言等的信息加工现象。其中,前景—背景理论(figure-ground alignment)是一个重要的、基本的认知结构概念。Langacker(2004a:120)认为,一个情景(scene)中的前景(figure)是一个与其他部分背景(ground)相比感觉突出的成分,这个成分作为核心实体(pivotal entity)而受到特别凸显,情景围绕它而组织,为它提供语言场景(setting)。在话语的组织和推进过程中,前景与背景是互相依赖、互相转化的,而这与注意的选择性有关。当注意指向某种事物的时候,这种事物便成为前景,而其他事物便成为背景。当注意从一个对象转向另一个对象时,原来的前景就成为背景,而原来的背景便成为知觉的对象,成为前景。不过,注意的唤醒是需要一定代价的。Chafe(1994)就不同信息状态的激活代价问题所做的讨论为我们提供了解读新信息重读的线索。他根据信息的激活状态将信息分为已知信息、可及信息(accessible information)和新信息三种。已知信息是在会话某时间点上已经激活的信息,所需激活代价最小;可及信息是处于边缘意识中的半活性信息,所需激活代价较大;新信息是在会话某一时间点上新激活的信息,所需激活代价最大。因为激活代价最大,所以新信息需要重读,而重音在声学特征上的体现就是在音高、音长、音强等方面比语句中其他词项更为显著。

3.2.2.2 句子层面的重音"居后"规则及附加语重读现象的延伸解读

从语句层面来说，修饰语获得重音还表明了另一个现象，即逻辑谓语比谓语中其他成分更优先获得重音。这也是和"新信息居后"、"新信息重读"相关的，不过这是两个或两个以上述谓结构之间的重音居后规则，是对已有基本述谓结构"重音居后"规则的延伸解读。

附加结构在语义上是降格的或特征化了的述谓结构，被压缩到另一个述谓结构里。[1] 如果从句法上还原的话，可以恢复成一个完整的述谓结构，而且在表达层面通常会居于它所依附的述谓结构之后。如本章语料中的一些例子所示：

[3] 我们现在北京占有了很多优质的资源。——我们现在北京占有了很多资源＋这些资源是优质的。（正方嘉宾郭元婕）

[4] 在今年参加中考的前后，我做出了今生最艰难、最痛苦的抉择。——在今年参加中考的前后，我做出了抉择＋这个抉择是今生最艰难、最痛苦的。（学生家长谭玉红）

[5] 高考的限制极大地摧折了他们和家人的幸福。——高考的限制摧折了他们和家人的幸福＋摧折的程度是极大的。（主持人王凯）

[6] 我们考虑的这样一个问题是，就是的的确确在北京形成了这样一个洼地。——我们考虑的这样一个问题是，就是在北京形成了这样一个洼地＋这种情况是的的确确存在的。（反方嘉宾丁兆林）

[7] 今天红蓝双方辩论得如此之火爆——今天红蓝双方辩论了＋辩论的程度是火爆＋火爆的程度是如此这般。（主持人王凯）

例 [3]、[4] 是定语结构扩展，例 [5]、[6] 是状语结构扩展，例 [7] 则是补语结构里又包含了状语。总之，被重读的前置修饰语像折叠的刀子，在压缩的句子里呈现"重音居前"的表象，而在展开后的简单句序列里也是处在后一句的位置上。Talmy（2000）和戴浩一（1994）在分别讨论英语和汉语里复句或句子间的顺序时，都将时间顺序、因果关系等作为重要参考因素，先出现的现象作为前景句子，后面的句子作为背景，在话语中再不断相互转化和推进。所以句子间的意义结构关系依然符合延伸意义上的"新信息居后"、"重音居后"规则，这就是句子中修饰语一般会重读的原因。

当然，对于修饰语的重读倾向，这只是从句子结构视角所推导的一种解释；我们还可以从话语意图和情感视角进行演绎。本书第 4 章和第 6 章将对此进行探讨。

3.2.2.3 小句次层级的重音"居后"现象

对于句法上主谓二分后再切分的次级结构如动宾结构，它本身就与主谓结构一

---

[1] 多句压缩法或反向的句子结构复杂化是句子构成的重要机制之一，赵元任（1979）、李临定（1995）、吕叔湘（1979）等都对此有过探讨。

样体现为重音居后表象，但内在机制有些不同。叶军（2001）的配置图涉及了信息层面，见图1-1，充当新信息的谓语重读。当谓语部分只有一个成分时，重音自然会落在这个唯一的成分上。这样的谓语主要是名词、形容词、不及物动词等。例如：

[8] 今儿礼拜。　　　　　　（赵元任，1979：54）
[9] 刘中陆很从容。　　　　（曹文 136）
[10] 双方不应该敌视。　　　（曹文 138）

而当谓语部分有多个成分时，即二元谓词句或三元谓词句，重音倾向于落在动词后面的宾语上。西方学者已从语义视角总结出了"内论元优先重读"原则（Gussenhoven,1983），本书从信息和认知视角提供进一步的解释。

任绍曾（2010）在综合考虑Halliday的信息单位二分和Chafe的信息状态三分的基础上，参考Firbas（2007:70-73）对句子的二分，即小句→主位+非主位，非主位→过渡+述位，把信息单位也做了如下二分：信息单位→已知信息+新信息，新信息→可及信息+语调凸出。这里可及信息是新信息的起点，考虑动词特别是动词范畴特征在连接已知信息和新信息中的作用，它被当作可及信息，作为新信息的一部分；而新信息中心就是语调凸出，一般处于新信息的终点，以重读名词作为语言体现。对英语语调的研究发现，重音倾向于落在名词上。（Alan Cruttenden,2002:141-142）汉语也是如此。例如：

[11] 皮肤就是语言。　　　　（曹文 132）
[12] 欧元将步入坦途。　　　（曹文 140）

认知语法对于小句结构的阐释则有助于从全句视角解释宾语重音现象。Langacker（2004a:120; 2004b:301）基于前景—背景的基本概念提出了侧重—基体、主语—宾语、中心语—修饰语等一系列二元对立。侧重（profiling）是指特别的凸显，正是侧重的不同导致了名词和动词（以及形容词、副词、介词）的基本分类。名词被定义为侧重事物，事物是指某认知域的子域，即认知上相互联系的一群实体的集合；而动词侧重的则是实体间的关系本身（interconnection）。关系是依赖于实体而存在的，所以在一个基于典型事件模型而构成的小句中，一般由名词充当的主语和宾语是中心参与者（focal participants），而居于起点位置的主语更是最凸显的小句参与者，宾语是第二凸显的参与者。Shibatani（1985:832）也认为，主语和紧随其后的宾语在小句参与者中享有最高程度的聚焦点，与说者和听者意识中的其他实体相比被凸显，它们在说者头脑里最凸显，而且要引起听者更多的注意。Langacker将主语—宾语关系看作动词的射体—界标关系，射体在前景，界标在背景。体现主语与宾语之间的动力作用关系的就是动词。动词侧重的是受时间影响的过程，在这个时间过程中，注意力从居于前景的具有最大凸显性的主语转移到居于背景的具有第二凸显性的宾语上，而注意与认知处理的强度或能量水平有内在关联，经验层面上转化为更大的凸显性或显著性。（Langacker, 2004 a:231）从语音层面来说，就是宾语重读以唤醒听者注意。

3.2.3 宽泛意义上的重音居后规则

至此，从认知领域的前景—背景理论出发可以解释信息结构、语义结构、句法结构、韵律结构等一系列结构二元划分时的"重音居后"现象。这些结构性的重音居后规律可以解释小句或短语层面的主谓（表 3-6 中小 5 号宋体），或定中、状中、动补（小 5 号楷体），以及延伸解释句子层面的修饰语（5 号楷体）和小句内次层级的动宾等结构（6 号宋体）的重音分布现象。

表3-6 汉语语句"重音居后"通用规则

认知	结构		前景	背景	
	状态		激活	半激活	待激活
信息	结构		已知信息	新信息	
	新信息结构			可及信息	新信息中心
语义	结构		主体	述谓	
句法	小句或短语（简单述谓结构的句法表现）	基本结构（小句）	主语	谓语	
		附加结构（短语）	中心语	修饰语	
	句子（复杂述谓结构的句法表现）		基本结构	附加结构	
	小句内（述谓内部结构的句法表现）		动词	宾语	
韵律	结构		弱	强	
				弱	强

3.3 本章小结

本章在前人研究的基础上，增加了语义结构的考虑，将附加结构的"重音居前"句法表象纳入到语义层面的"重音居后"统一规则之下，并通过认知、语用、语义、句法和韵律的内在关联，对述谓结构不同层级的重音分布共相做了相应的动因阐释。但这样的统一规则只在一种较为宏观的层面，即主谓二分和核心谓语与逻辑谓语归一的情况下才得以成立。另外，它对其他一些非结构性的"非常规"重音现象如强调、对比和句首关联语重音等都没有解释力。李大勤认为，在汉语句子构造中，句法是基础，语义（关系）是桥梁，而语用因素才是复杂多变的句子赖以生存的根本动因。

（李大勤，2003：1）从这个意义上说，"重音居后"规则的生命力主要存在于对静态语境中孤立语句重音的分析，而对于动态语境中真实话语的重音现象，还需要突破句法层面的"常规"与"非常规"界限，以便从宏观语用视角对相关现象展开全面系统的分析、探讨。

第 4 章　重音功能：重音对意图的凸显作用及其认知语用机制

第 3 章的研究表明，被普遍认同的"重音居后"规则有其理论上的合理性，但对实际话语中重音分布的统计数据也表明，它对于实际话语中的重音现象没有直接的应用性和解释力。

本章借鉴播音学重音理论从语义结构视角来解读自然话语中的重音现象，并从交际的认知语用和社会语用视角来阐释重音的功能。

4.1 重音对意图的凸显功能

4.1.1 播音学的重音理论

播音学重视从完整语篇的视角来诠释重音在传情达意上的表现和作用，认为重音是对语句而言，是指句子中间根据内容和思想感情运动的需要所强调的词语，其中那些最能体现语句目的、最能表达思想感情的词或短语就是重音。而且每一个句子都是系统中的一分子，所以语句重音需要在上下文语境或语流中确定。确切地说，重音是对语篇中语言目的的集中概括，重音所表达的是具体语句的重点或语句之间的关系。张颂（1990）也指出了单从句法视角研究重音的局限性，认为长期以来流传着"语法重音"、"逻辑重音"、"心理（感情）重音"的提法"是没有达到区分者本来的期望的，主要是在实践中很少举一反三的效果，甚至往往使初学者徘徊其间，举棋不定"。他认为语句中重音的位置与其在全篇文章中所处的位置和分量有关。在对大量的语言材料、语言现象概括分析之后，张颂（1990）归纳出十种主要的重音类型，如并列性重音、对比性重音、呼应性重音、递进性重音、转折性重音、肯定性重音、强调性重音、比喻性重音、拟声性重音、反义性重音等。简单介绍如下：

4.1.1.1 并列性重音

并列性重音是指在段落、语句中有并列关系的某些词或短语，至少有两个重音，一般同样重要。并列性重音是依据并列关系来确定的，不论是词与词、句与句或段与段之间，只要有并列关系，肯定会有并列性的词或词组。例如：

[1] 他理论知识坚实、丰富、系统。

[2] 山朗润起来了，水涨起来了，太阳的脸红起来了。

例 [1] 中"坚实"、"丰富"、"系统"是并列性重音，目的是说明"他"的理论知识如何如何。例 [2] 中有 3 个并列句，"山、水、太阳的脸"为一组，"朗润、涨、红"为一组，这两组并列性重音，以前一组为主，后一组为次，一经突出就表明"山、水、太阳"都染上了春天的气息，语句目的很明确，重音又都在两个以上。

4.1.1.2 对比性重音

对比性重音是为了达到对比目的、渲染对比气氛、突出对比观点、深化对比感情而存在的。对比性重音至少有两个，往往要区分主次，相反相成。

[3] 旧社会把人变成鬼，新社会把鬼变成人。

例 [3] 中"旧社会"与"新社会"、"鬼"与"人"分别构成对比重音，表明两个社会的天壤之别。

4.1.1.3 呼应性重音

呼应性重音是揭示上下文呼应关系的一种有力方法，有问答式呼应、分合式呼应等。

[4] 他是谁呢？他就是我的老师——大谦。

[5] 只见那颗颗珍珠，有大如羊奶子头的，有小如红豆的，光华夺目、熠熠生辉。

例 [4] 是问答式呼应，重音表现在呼和应的主要词语上，"谁"是呼，"老师"和"大谦"是应。例 [5] 是分合式呼应，有领起、并列、总括三部分，"颗颗珍珠"是领起重音，"羊奶子头"、"红豆"是并列性重音，"光华夺目"、"熠熠生辉"是总括重音。

4.1.1.4 递进性重音

递进性重音是向着一个方向突出的重音，后一个重音要比前一个重音揭示更新、更深的含义，展现更新、更多的事物。递进性重音具有揭示语言链条的承续性，把重音连接起来可以形成较为醒目的贯串线，包括连珠式递进和过程式递进，分别如例 [6] 和 [7] 所示。

[6] 竹叶烧了，还有竹枝；竹枝断了，还有竹鞭；竹鞭砍了，还有深埋在地下的竹根。

[7] 所谓煤炭直接液化，就是在煤炭中加入氢气，经过一定的温度和压力作用，使之转化成液体燃料和少量气体燃料；液体燃料经过再加工，还可生产出汽油、柴油、重油等产品。

此外，递进性重音还有时落在一些关联词上，像"还"、"也"等等。一些假设、条件复句也包括在这一类。

4.1.1.5 转折性重音

与递进性重音揭示同一方向进展的内容不同，转折性重音揭示相反方向的变化。转折性重音有时是关乎主旨的重点，有时只是再递进的反衬。

[8] 受冷空气影响，我国东北、华北和黄河下游地区近两三天内气温逐渐下降，但降温幅度不大，一般在摄氏二至四度左右。

例[8]中"逐渐下降"是承前递进性重音，"但"转折后，"不大"便是转折性重音。"二至四度"是承前递进性重音，承接"不大"。

4.1.1.6 肯定性重音

在表达对事物的肯定态度时，一般有两种情况，一种是要肯定"是什么"，一种是要肯定"是"还是"不是"。肯定性重音与递进、转折、对比等也有较密切的关系。

[9] 不要开枪，大伯，是我。

[10] 27号，晴转阴，有霜冻。

[11] 最近几天，没有雷雨，天气以晴为主。

[12] 可要给我送礼，好事就变成了坏事。羊肉我不能收。

例[9]和[10]中的重音回答了"谁"和"什么"的问题，属于第一种情况。例[11]和[12]的意图在于"有没有"、"能不能"，属于第二种情况。这些都是肯定性重音。

4.1.1.7 强调性重音

强调性重音是把句子中表达感情色彩的词或词组加以强调，以突出某种感情。有些在程度、范围方面加以伸缩的词语如副词、数量词等，作为重音时明显具有着力强调的色彩，或极言其大，或极言其小，或广到无所不包，或窄到间不容发……

[13] 老遛为了护林，硬是把烟瘾往肚里憋，一直憋了10年。

[14] 不该得的钱，一分钱也不要。

[15] 刘玉昆手中小小的笔，真是一支铁笔呀！

[16] 乌篷船，很不起眼，它也在发光，多好。

以上例句中的重音都属于强调性重音。只是强调的范围，感情色彩的浓淡程度不同而已。还有一种为了加强感情色彩的浓度而重复的重音，也属于强调性重音，如例[17]。

[17] 今后，要大力减少会议，可以不开的，坚决不开，可以分散开的，就分散开，可以合并开的，就合并开。

这种重复的词正是为了加强效果，给人以强烈的印象。

4.1.1.8 比喻性重音

比喻是使语言形象生动的修辞手法之一，有声语言表达中把那些比喻性词语作为重音，就叫比喻性重音。

[18] 会场上响起了雷鸣般的掌声。

[19] 少年儿童是祖国的花朵。

[20] 石拱桥的洞呈弧形，像天上的虹。

以上三例中比喻词"雷鸣般"、"祖国的花朵"和"天上的虹"都是语句表达的重点，所以成为比喻性重音。

4.1.1.9 拟声性重音

句子中的象声词类有时对突出事物的声音形象有很大作用，构成拟声性重音。在描摹场景、烘托气氛时，拟声性重音不可缺少。

[21] 风，呼呼地刮着。

[22] 轰隆，一声巨响，敌人的碉堡飞上了天。

4.1.1.10 反义性重音

反义重音，文字上貌似正面肯定，实质上恰是表白否定，不论褒贬，要从反面去把握。

[23] 狼总是不甘寂寞的。它在吃了羊之后，还要表示自己是"善良"的。

[24] 侵略者挑起了战火，还要念念有词地叫喊"我们在努力追求和平的目标"。

以上十类重音对播音学界起着原则性的指导作用。杨雪、祖涛（2009）等从播音实践出发将上述十类重音概括成三类，具体内容如下：

1）"重音"是突出语句目的的中心词。这类词是指那些在语句中占主导地位和最能揭示语句本质意义的词或词组，它们能准确、鲜明地传达语句目的的核心。还有的语句中数量词与语句的目的有显著的直接关系，这类词语也可以作为重音。语句中的数量词，一般都是所强调的重音，强调数量词语时，一般若突出数词则可以言其小、少、短；若突出量词则可以使人觉得大、多、长，有一定的规律性。

2）"重音"是体现逻辑关系的对应性。这类词是指那些具有转折、呼应、对比、并列、递进等作用的词语，它们是语句目的实现过程中的重要逻辑线索。

3）"重音"是点染感情色彩的关键词。这类词是指那些对显露丰富感情色彩、情景神态和烘托气氛等有重要作用的比喻、声像以及其他形容性的词或词组，它可以使特定环境中的语句生动形象的突出出来。

以上播音学界对重音位置和类型的确定都是从宏观语义视角进行的，突破了句法上"常规"重音与"非常规"重音的分类界限。

4.1.2 播音学重音理论观照下的真实话语重音分析

运用播音学的重音观来分析"异地高考可行吗"这期节目，我们发现基本上所有的重音现象都可以得到一致性的解释，即重音主要以凸显话语意图为目的，语句中重音部分都是那些能帮助表达特定意图的核心成分；重音凸显的程度与意图或情感的强弱呈正相关倾向。

本章主要探讨重音与话语意图的关系。下面从不同嘉宾相同立场的横向维度、同一嘉宾一贯立场的纵向维度及主持人客观陈述的维度三个方面来看重音与话语意图关系的相对稳定性。

4.1.2.1 从不同嘉宾立场的相似性看重音在意图指向上的一致性

异地高考的支持者以"实现教育公平"为理念，呼吁以学籍代替户籍，让众多随迁子女可以在就学地进行高考；而反对者们则以"高考投机性"为由进行反驳，认为学籍比户籍更容易被投机者操纵，会带来更多的社会问题。被邀请的六位嘉宾各有具体视角与立场，但从总的立场来说分为正反两方。在嘉宾出场的"一句话表明观点"环节，每个人的重音都是为凸显自己的意图服务的，相同立场的嘉宾通过重音凸显的意图在价值指向上也呈现出较强的一致性。

（1）正方嘉宾的观点

先看如下用例：

[25] 我**认为放**开异地高考**势**在必行。

（郭元婕，教育研究人员，代表学术观点。）

[26] 我**认为**放开异地高考是可行的，
至少是体现了教育公平的理念。

（谭玉红，随迁子女家长，代表异地考生利益。）

[27] 从来不存**在能不能**开窗的问题，
只存在愿不愿意的问题。
所以时机不是**有没有**的问题，
而是你给不给的问题。

（曹保印，媒体评论员，代表社会意见。）

在正方三位嘉宾的话语中，重音都放在表示异地高考应该放开的核心词上。

在例 [25] 中，郭元婕从学术角度提出观点，强重音放在了最能反映她个人立场的"放开"上，"认为"则凸显她态度的鲜明性，"势在必行"是强调异地高考的必要性和迫切性。

在例 [26] 中，谭玉红同样凸显了"认为"、"放开""异地高考"、"至少"、"公平"这些与观点的鲜明性及倾向性相关的核心词语。

而在例 [27] 中，曹保印将强重音放在了"能不能"、"有没有"上，是通过委婉否定反方嘉宾核心观点（即不能放开异地高考，没有到时机）的方式来凸显自己的立场，其他次强重音"不存在"、"愿不愿意"、"时机"、"而是"也是能凸显自己立场的核心词汇。

（2）反方嘉宾的观点

先看如下用例：

[28] 当以学籍来核准高考地，
　　其实并不是要解决能不能在北京考试，
　　而是要去谋求要到北京去考试。
　　　　　　　　　　　　（朱煦，媒体评论员，代表社会意见及北京人利益。）

[29] 如果以学籍代替户籍的话，
　　高考将会成为富人的游戏，
　　会增加更多的不稳定因素，对社会来讲。
　　　　　　　　　　　　（王海涛，教育集团经营者，代表社会经验。）

[30] 高考制度、户口制度，的确是有缺陷的。
　　但是，用比户口制度更大缺陷的学籍制度来解决户口制度，
　　就相当于给危在旦夕的心脏病人吃一片止痛药，
　　来解决心脏病。
　　不靠谱，
　　没有到时机。
　　　　　　　　　　　　（丁兆林，时事评论员，代表欠发达地区利益。）

三位反方嘉宾的话语意图都指向反对，又各有侧重。

在 [28] 中，朱煦前半句重音"学籍"、"并"、"能不能"是凸显他否定正方的表面诉求的意图，后半句则是他表达的重点，将强重音放在"谋求"、"要"上来达到揭示对方真实动机的意图。

在 [29] 中，王海涛是以教育集团经营者的身份来揭示高考投机性的，"富人"凸显可能会进行高考投机的核心当事人，"更多"、"不稳定"则强调会带来的负面后果，强重音"更"是对负面程度的一种凸显。

而在 [30] 中，丁兆林用直接和间接相结合的方式表达他的反对意图，其中强重音"没有（到时机）"是最直接的意图表达；转折复句前半句中的重音"高考"、"户

口"、"的确"是对正方观点让步性的一种回应,转折后半句才是他真正的意图所在,用强重音"更大缺陷"、"相当于"及次强重音"止痛药"直接或间接地表达了他对学籍制度的负面看法。

以上从横向维度分析了重音与意图表达的一致性问题,即立场一致的人重音凸显的意图在指向上也是一致的。下面以正反两位嘉宾为例,从纵向维度分析各自话语中的重音成分在意图指向上的一致性。

4.1.2.2 从同一位嘉宾立场的一贯性看重音与意图指向的一致性

节目中嘉宾谈话共由三个环节组成:首先是各位嘉宾"一句话表明观点",然后是各位嘉宾"两分钟阐述",接下来是自由辩论时间。在"一句话表明观点"和"两分钟阐述"两个部分,嘉宾事先对话题有所考虑和准备,所以在语义组织上相对完整、紧凑,可以从语篇宏观结构视角观察其中重音在意图网络中的指向一致性。而在自由辩论部分,嘉宾是即兴针对某个话题发表观点,但所说话语仍然体现出在意图及意图凸显上的一致性。按照凡·戴克(1977:144-146)的观点,语篇的宏观结构指由总摄全篇的总主题所代表的语义结构,它可以按一定规则分层次、分级阶回归性地进行语义浓缩而形成,并为次级的话题所共同蕴含。跟语义结构相对应的是由言外之意构成的意图结构,即意图也有总、分之别。下面分别以正方嘉宾郭元婕和反方嘉宾王海涛的话语为例展开分析。

(1)郭元婕话语中重音成分在意图指向上的一致性

郭元婕是中国教育科学院研究人员,是站在学术视角看待异地高考问题的。她的基本立场和观点在上文"一句话表明观点"部分已有所交代,现重复如下:

[31] 我认为放开异地高考势在必行。

上例中"认为"、"放开"凸显了她支持异地高考的意图,而"势在必行"则凸显了她辩论的立足点,即她要从"形势"视角论证高考改革的迫切性。这一点在随后的"两分钟阐述"和"自由辩论"部分均得到了印证。

郭元婕在"两分钟阐述"环节表达了现行高考政策的不合时宜性和改革方案的稳妥性的观点,重音词语在凸显这些观点方面其意图指向是一致的。为了方便锁定语段中的重音词语,本章对较长语段中的语句以英文小写字母标示,这种标示主要是从语义角度考虑的,不等同于本书第3章对小句的确定原则,这一点在研究方法中已经交代过。

[32]a. 我是很赞同她的一些表达的。

b. 我们现在随着国家的这个经济社会的发展,

那么,户籍制度到底对我们国家这个人口的管理和社会的经济政治的发展是促进作用还是制约作用呢?

c. 现在已经有了一个在我们国家经济发展转型期的一个矛盾出现了。
d. 所以，我是很赞成就是说把异地高考放开。
e. 但是也是要逐步地放开，要有条件的这个限制，让它稳稳当当地发展下去。
f. 这样就是说以学籍代替户籍，这是一个很好的措施。

在以上 [32a] 中"赞同"凸显的是说话人郭元婕对于学生家长谭玉红在"两分钟阐述"中所表达的如下观点的呼应：现在的高考政策对外地孩子不公平。

[32b] 中的"户籍制度"正是包括郭元婕在内的正方嘉宾要抨击的核心对象，而"到底"凸显了说话者的质疑，质疑的核心是户籍制度的作用："促进"还是"制约"。"那么"则凸显了 [32b] 中前句和后句之间的逻辑关系：经济社会发展了，户籍制度作为计划经济的产物，可能已经产生制约的副作用了。

在 [32c] 中，"现在"凸显了问题的时间性，"矛盾"凸显了问题在性质上的严重性。

[32d] 中的"所以"意在凸显说话人逻辑上的合理性，"很赞成"、"异地高考"、"放开"凸显了说话人的基本观点。

而 [32e] 中的"但是"意在凸显说话人稳妥改革、不走极端的意愿，后面"也是要"、"条件"、"限制"、"稳稳当当"凸显稳妥改革的具体方面。

最后，[32f] 中"这样"凸显前面论证的合理性，"学籍"凸显改革方的核心理念。

郭元婕在"自由辩论"环节主要针对"现行高考制度的不公平问题"、"放开学籍的可行性问题"、"外来务工人员的非投机性问题"以及"外来务工人员在数量上不会给大城市带来失控危险"等问题进行了辩论，下面选取其中"外来务工人员在数量上不会给大城市带来失控危险"这个部分进行分析。以下 [33] 和 [34] 分别是媒体观察团的提问和郭元婕的回答。

[33] 我想请问红方那个郭元婕小姐一个问题。
　　就是不管是像朱老师说的是投机的那种家长，
　　还是说真的有实际困难的那些家长，
　　但他们都有一个目的，
　　就是肯定是想把孩子送到更好的地方去学习，去参加高考。
　　那么就是**如果所有**的孩子**都**已经聚到了北上广这些就是教育条件比较好的城市，**那么**，问题就会堆积到一个终极的出口问题，
　　北上广到底有没有那么多的学校，
　　可以**接纳**这些孩子？

例 [33] 中的几个强重音词语"如果"、"所有的孩子"、"都"、"北上广"、"接纳"等体现了问题的核心所在，即外地务工人员子女数量的庞大性对大城市接纳能力的挑战。

而在例 [34] 中，郭元婕从家庭稳定、政策限制及北京儿童数量减少这三个视角予以了回应。郭元婕这段话语的基本意图是论证外来务工人员的子女不会对北京的接纳能力构成挑战。其中，例 [34a] 到 [34p] 用以论证不是"所有的人"都会来到大城市，所以学生人数不会失控；从 [34q] 到 [34w] 则是论证北京学校的容纳量也在增加。两个因素综合起来，就可得出这样一个结论：不会出现接纳不了的问题。因为是自由辩论阶段，这段话语中有一些插话行为，括号中的插话均来自于反方嘉宾朱煦。下面分别从三个视角对其进行具体分析。

[34]a. 我认为你这是提供了一个很好的问题。

b. 她所用的一个概念，大家注意到没有，她说所有的人。

c. 第一，所有的人可不可能都涌到北京来？

d. 如果说我们打个比方，

我们现在如果我们是孩子，我们的父母在当地有很稳定的工作，很好的收入，

e. 我会不会为了到外地去寻求这种教育机会放弃我现在的工作，然后我到了北京来北漂，

（朱煦：会，会，一定会）。

f. 不对，这个绝对不会的，

（朱煦：一定会。）

g. 这个绝对不会的。

h. 我要给家庭提供一个很稳定的环境，

i. 让他有正常健康成长的环境，

j. 我不会提供这样的机会。

（朱煦：我只能说你太不了解中国。）

k. 不是不了解中国，而是我觉得你这个观点很偏激。

l. 第二个，就是说在北京，不是所有的人要来就读就可以来就读的。

m. 因为你必须得在北京能做出贡献，你有北京的工作。

n. 那么有这种五证齐全，才可能外地人员在北京来怎么样，才能有入学的机会。

o. 如果入学机会都没有，你就不可能存在学籍，更不可能所有人都来北京。

p. 这种情况现实中是不存在的。

q. 第三个，北京市现在的人口呢，也是在就是说随着我们国家计划生育，这个儿童呢也是数量在不断地减少，

r. 老龄化社会这个倒三角已经慢慢地呈现这种趋势。

s. 实际上北京很多小学，已经慢慢地怎么样变成空巢了。

t. 那么，**这样**的房子，这样的设施**为什么**不能拿出来服务其他的人群？
u. 这就是**可以**负载的。
（朱煦：但是你有没有想过，
如果**不像**你想象的那么简单，
说你有 50 所学校，结果来了要 150 所学校才能装下的学生，
这个时候怎么办？）
v. 这个**可不可能**？50 个学校的班额会来 150 个？
（朱煦：完全可能。）
w. **不可能**。

首先，对于放开异地高考的不利后果，大家普遍担心的是外地考生人数失控的问题。这一点在媒体观察团的问题和郭元婕的回答中都通过重音词语得到体现，如"所有的人"在问题和回答中共出现五次，"所有"全部重读，而且强度明显。问方是担心万一所有的人都来到大城市怎么办，而答方则认为不可能所有的人都涌入北京等大城市。具体分析如下所示：

[34a] 中，"我"、"认为"是凸显说话人自己的鲜明态度和立场。

[34b] 中，"她"、"所有"凸显说话人所要论辩的对象及核心话题。

[34c] 中，"所有"、"都"凸显了"可不可能"所质疑的对象，即对"所有……都"的否定；"第一"与后面的"第二个"、"第三个"一起构成话语组织的元话语，凸显语篇的时序逻辑关系。

[34d] 与 [34e] 是一个假设关系复句，"如果说"与"会不会"凸显两句间的语义逻辑关系，"父母"、"当地"与"外地"、"放弃"、"然后"等构成语义对比，凸显说话人利用"会不会"反问句表达否定选择的意图。

[34f] 和 [34g] 中，"不对"、"这个"、"绝对"、"绝对"是针对括号中反方嘉宾"一定会"的回应，凸显说话人态度的坚定。

[34h]、[34i]、[34j] 中"我"、"要"、"家庭"、"稳定"、"让他"、"正常"、"不会"凸显说话人认为的天下父母对于家庭稳定和孩子正常成长环境的常识性考量与选择。

[34k] 中，"不是"、"不了解"、"而是"、"偏激"凸显了对反方嘉宾观点的否定。

以上郭元婕是从家庭稳定的视角论证了不是所有人都会涌入大城市的观点，重音词语凸显的是"常识性"的语义逻辑关系。

下面 [34l] 到 [34p] 是从政策限制的视角论证不可能所有人都涌入大城市，重音词语凸显的则是"强制性"的一面。

[34l] 中，"在北京"、"不是"、"所有的人"、"要来"、"就"凸显了来北京读书的非随意性。

[34m] 中，"因为"凸显与前文的因果逻辑关系。

[34n] 中，"那么"凸显说话人语气上的顺承关系；"这种"、"五证齐全"、"才可能"、"外地人员"、"才能"、"入学的"、"机会"凸显外地人员子女在北京上学的条件。

[34o] 中，"如果"与"不可能"凸显了假设性的因果关系，"不可能"与"更不可能"凸显了递进性的逻辑关系，"入学机会"与"所有人"凸显了因果关系中的核心概念。

[34p] 中，"这种情况"、"现实中"强调了反方观点的不成立性。

除了论证不会存在所有外地人员子女都涌入大城市的可能性之外，郭元婕还从另一个侧面论证了放开学籍的可行性，即北京学校目前存在学生人数逐渐减少的倾向。重音词语也都是为凸显这个意图服务的。比如，

[34q] 中，"北京市"、"这个儿童"凸显核心的地点和人物，其中"这个"是加强语气的。

[34r] 和 [34s] 中，"倒三角"、"慢慢"、"实际上"、"慢慢地"凸显学生人数减少的现状。

[34t] 中，"那么"凸显顺承的语义逻辑及语气承接关系，"这样"、"为什么"、"其他的"凸显接纳外地子女在北京读书的客观上的可能性。

[34u] 中，"这"、"就是"、"可以"凸显了说话人对自己观点的肯定性。

[34v] 中，"可不可能"、"50个"、"会来150个"是对反方嘉宾问题中核心观点的回应，凸显不可能会有这种情况。

[34w] 中，"不可能"明确凸显说话人态度。

（2）王海涛话语中重音成分在意图指向上的一致性

就王海涛的话语而言，反对"异地高考"是他的总体意图，而揭示高考中存在的投机性则是他具体的立足点，这一点在"一句话表明观点"中得以表述。在接下来的"两分钟阐述"环节中为支持"富人游戏"的观点，他从北上广家长现实的投机行为和外地富人家长潜在的投机愿望这两个方面予以论证。而这两个方面又分别通过更具体的分意图如"投机家长数量的庞大性"、"投机愿望的迫切性"及"投机后果的严重性"等来论证。所有的分意图最后都落实到最基本的表述单位——句子上，构成一个严密的意图网络。重音就是在这样一个严密、完整的语义网络中在不同层次、不同侧面以凸显具体意图的方式为语篇的总体意图服务，基本上所有重音都可以在这个网络图中得到解释。下面对王海涛的"两分钟阐述"部分予以具体

第 4 章　重音功能：重音对意图的凸显作用及其认知语用机制　**055**

的分析、论证。

[35]a. 这些年我已接触了**上万**名的高考这个报考的学生。
b. 我们服务他们的时候，我会发现有一种操作手段，
c. 也就是说很多在北京这样北上广这样的学生的家长，
他愿意让他的（学生）孩子到**外地**去上高中，
而**回到**北上广这儿来高考。
（主持人：为什么呢？）
d. 为什么？
因为在当地的对于**分数**的训练的话，他们相对来说，要比北京地区相对好一些。
e. 然后反过来，回到北上广城市高考的话，大概能提高**一百**多分。
f. 那**这**样的话，是很多家长的选择。
g. 那就是说导致于北上广这样的城市，它对高考是有一定的**优势**的。
h. 第二个观点，如果放开学籍来讲，
我刚才说的一句话就是说，它可能会带来成为**富人**的游戏。
i. **如果**说北上广的学籍一旦放开，我们说三年也好、四年也好，
这个三年到四年，开放了以后来讲的情况下，
j. 由于它目前的利益驱动来讲的话，**大**批量的考生会聚集到这个地方。
k. 那就导致于很多这个地方的学籍的**入学**难就更加加剧。
l. 那这样的话，就带来**更多**的不公平。

"两分钟阐述"环节的第一部分 [35a] 到 [35g] 是以北上广家长在合法形式下进行高考投机操作的现实来说明家长的投机天性。其中，[35a] 中的"这些年"和"上万"是以凸显量大的方式来强调核心当事人"报考（的学生）"从事高考投机的时间之长，人数之多，也旨在强调自己有这方面的"发言权"。而 [35b]、[35c]、[35d]、[35e]、[35f] 和 [35g] 中的"愿意"、"家长（的选择）"凸显家长的意愿或投机天性；凸显投机操作过程的重音词汇有"一种"、"操作手段"、"外地"、"回到"、"然后"、"回到"、"城市"；而"当地"、"对于"、"分数"、"相对"、"一百多分"、"这样"、"优势"以凸显相关核心词语或强调利益之大来突出投机的理由。

"两分钟阐述"的第二部分 [35h] 到 [35l] 是说明外地富人家长的潜在投机性。"富人"是这一部分的核心词汇，"如果"、"放开"、"三年到四年"、"由于"、"目前"、"利益"、"这样"等是凸显富人游戏的原因，"大批量"、"导致"、"学籍"、"入学难"、"更加"、"更多"等凸显富人游戏的不利后果。

王海涛在"自由辩论"环节主要还是围绕"富人的游戏"展开辩论，很多话语

在言辞及重音模式上都基本上是以重复的方式出现,显示了个人意图的一贯性及意图凸显方式的一致性。下面的例 [36]、[37]、[38]、[39] 是他在自由辩论时针对不同话题时的话语片段。

[36]a. 他对于这个会不会成为富人的游戏,

这个问题**现在**你调研,

我认为现在在什么前提下,

是户籍就学籍没有放开。

b. **如果**在北京连续三年以上的或者连续四年以上的,它就放开的情况下,

我相信会**大**批量地聚集。

c. 包括这个谭女士,我们**特别**理解,

从感情上,从方方面面,我和朱老师都特别理解。

d. 我们也这个非常之同情,就是目前孩子所处的状态。

e. 但是大家想一想,

从大学毕业到现在为止,我接手的高考的服务人员,我超过**过万人**,

甚至达到可能甚至两三万人,

f. 那我遇到的**所有**的(高)有北京学籍或者上海学籍的都要回到本地去考。

g. 我问他为什么,就那里好招。

[37]a. 这个稀释不是一个**数量级**的稀释。

b. 高考问题我走过**一百**多个城市,

就见过无数多的家长。

c. 也就是说,**当如果**有这样一个机会的情况下,

包括现在我们有的城市就是打出来,如果你买房可以赠户口的情况下,

家长愿意花几十万买这个户口。

d. 也就是说当你把北京放开以后,

全(国)各地来讲,我们看到**太**多有经济能力的人,

他们都跟我在说,

说海涛有没有方法,去可以到北京去考试,

有没有方法去可以到天津,可以到上海这样去,

如果去的话,我们**绝对**去的。

e. **因为**你想想,

一个孩子,愿意把孩子放到**国外**去,

更何况北京和上海呢。

f. **只要**对孩子的前程好,他们**都**愿意去做。

[38]a. 最后平衡什么？

最后平衡的就是说你谁有资源，谁有钱谁就能上更好的学校。

b. 我们高考移民以后会有更多的人，他们会更加悲惨。

他们面临更大的就业。

[39] a. 我的最大的担心就是说，

我们首先我们要问的一个问题，

我们要的是小部分的公平，

还是全整个中国公民的公平。

b. 我也接触大量的总裁老板，

他们愿意花很多很多钱，甚至是几百万，

他说只要你能帮我把这事做成，

我们都愿意来投。

c. 那这样的话，大多数，我们说农民工这些孩子，

他们的不是在北京没有高考机会，

就连上学机会都没有了。

d. 这就导致你所说的学籍来代替户籍带来的不公平。

上述 [36a-b] 基本上是对 [35h-j] 的重复叙说。而 [35a]、[36e]、[37b] 和 [39b] 在言辞表述及重音词语方面也基本一致，重述如下：

[35a] 这些年我已接触了上万名的高考这个报考的学生。

[36e] 从大学毕业到现在为止，我接手的高考的服务人员，我超过过万人，甚至达到可能甚至两三万人。

[37b] 高考问题我走过一百多个城市，就见过无数多的家长。

[39b] 我也接触大量的总裁老板……

在以上例句中，王海涛为了强调自己对高考投机这种社会现象有充分了解，都运用了表示量度大的数量词或形容词如"上万"、"过万"、"两三万"、"一百"、"无数多"、"大量"，而这些词也都重读了。

总体上来说，[36]、[37]、[38]、[39] 这四个语段都表达了北京学籍开放若干年以后，怀有高考投机心理的外地富人会不惜重金，大量涌入北京，给北京人及普通务工人员子女带来更大的不公平这些意图。所有重音词语也都是为了凸显这些意图服务的。

总之，王海涛的所有话语都指向他"反对放开异地高考"这一总的意图，整体上体现出了对"异地高考"负面的价值取向；而重音部分，则都是能帮助表达这一意图的核心成分。

4.1.2.3 从主持人话语看重音与意图凸显之间关系的相对稳定性

4.1.2.3.1 主持人主持性话语中重音与意图的凸显

主持人在辩论性节目中承担组织者和推进者的角色,要保持理性的心态和中立的立场。主持人话语包括现场开题、发现、引导、延伸、概括、点评等方面。(夏青,2011)这些意图决定了主持人的话语重音所在。如下面例 [40]、[41]、[42] 所示。

[40] a. 当以学籍来核准高考地,其实并不是要解决能不能在北京考试,

　　而是要去**谋求**要到北京去考试。(反方嘉宾朱煦)

b. 哦,这好像是**动机**不一样,对吗? (主持人王凯)

针对反方嘉宾朱煦的观点,主持人王凯马上发现交锋点并予以概括:[40b] 中的"动机"是对 [40a] 中的"谋求"、"要"的敏锐感知和概括,另一方面也说明 [40a] 中强重音已达到了对意图的凸显作用。再如:

[41] a. 我来北京的时候,我是来上大学来的。

　　我只是考虑我个人的事业和发展来的。

　　我当初我还根本就没结婚呢,

　　我怎么能想到我要来讨便宜来了呢?

　　　　　　　　　　　　　　　　　　　　　　(学生家长谭玉红)

b. 我也想讨这个便宜。

　　这对于每个家庭来讲,对于每个人来讲,这个很正常。

　　但是……

　　　　　　　　　　　　　　　　　　　　　　(反方嘉宾朱煦)

c. 您千万不要用仇恨的眼神去看着他。

　　他不是说**您要**讨便宜。

　　他是说这个政策如果执行的话,

　　怕有很多家庭会为了这个去讨便宜。

　　是这个意思吧?

　　　　　　　　　　　　　　　　　　　　　　(主持人王凯)

例 [41c] 中的重音词语"千万"、"他"、"您要"、"这个政策"、"有很多家庭"、"会"凸显了主持人缓和现场气氛、帮助澄清可能存在的误会等意图,尤其是强重音"您"起到了明确将听话人排除在"他说的讨便宜的对象"之外。

[42] a. 所以我们今天讨论的不是一个一个个案,

　　注意,不是一个一个个案。

　　因为您的这个个案如果作为**制度**出现,

　　就有很多**不是**个案的要**借用**这个制度。

我们今天在**强调**，我们两个**反复**地在说的也是这样一个道理。

我们**并**不是说，你们一位一位**没有**道理，**太**有道理了。

谁不愿意享受这个资源。

我想，我想，我非常非常想……

（反方嘉宾朱煦）

b. 他质疑的不是这个制度该不该存在，

而是这个制度在**不完善**的情况之下，它**不可行**。

（主持人王凯）

例 [42b] 中的重音词语"他"、"质疑"、"制度"、"不完善"、"不可行"都是在对 [42a] 进行概括的基础上，用以减缓反方嘉宾观点对正方嘉宾尤其是学生家长的负面冲击力的，其中尤其强调了"不完善"与"不可行"之间的关系。

4.1.2.3.2　主持人转述性话语中重音与意图凸显的关系

主持人话语一般不表达对辩论话题的个人价值取向，但在转述辩论双方观点时，却有对双方各自相应的重音模式的再现，显示了重音成分与意图指向之间相对的稳定性。以主持人开场白及节目中间由主持人旁白的小片中的部分话语为例。

[43] a. 现在随着这个流动人口越来越多，

城市移民越来越多，

很多家庭为此是相当困扰。

孩子到底应该在哪儿考试。

于是呢，有家长就提出了应该以**学籍**为标准，

让孩子**可以**在异地参加高考。

b. 但反对者认为，哪怕设置**再**严苛的异地高考门槛，

违规流动的高考移民都会不惜**一切**代价让孩子流动到选择机会更**大**也更多的地方。

这样，不仅大城市人口控制的问题会雪上加霜，

而且还会引发**更**大的不公平。

例 [43a] 的最后一句是主持人用以转述正方观点的，此时，其强重音"学籍"和次强重音"应该"、"可以"与正方嘉宾表述同样观点时的重音模式一致。

例 [43b] 转述反方观点，与反方嘉宾的重音模式一致，重音放在那些凸显可能会带来不利后果这一意图的词语上。其中"反对者"是说话人以主持人身份强调反对者与前面外地家长的身份对应关系；而"再严苛"、"违规流动"、"不惜一切代价"、"选择机会更大"则是符合反方口吻和语气的重音词语。

节目中另一段主持人旁白的小片也反映了同样的重音特征。例如：

[44] a. 北京现有120万中小学生，
而父母在北京工作的适龄随迁子女就有90万。
这90万儿童的父母为所在的城市工作，
有的还为城市贡献了**大量**的税收。
高考的限制**极大**地摧折了他们和家人的幸福，
许多学生**甚至**因此转而选择**出国留学**。
随着中国人口的进一步流动，
中国**异地就学**高中生问题的**影响**不断扩大。
b. 有人疾呼，实行异地高考是**大势**所趋，而且**刻**不容缓。
c. **但也**有人认为，异地高考牵一发而动全身，涉及全国**数亿**人口。
在波及如此广泛的问题上进行**激进**的改革会导致**更多**、**更严重**的问题。

以上[44a]虽然不是用于转述异地高考支持者的观点，但它表述的是引发异地高考动因的因素，所以其重音词语仍与支持方口吻一致。其中"90万"与"120万"呼应以显示随迁子女人数之多；"大量"、"极大"、"甚至"、"出国留学"、"异地就学"、"影响"等重音词语凸显了外地父母在子女公平求学方面所受到的不公正待遇和委屈。正是由于这样的现状才使得这个电视辩论节目有值得一做的价值。

[44b]中转述的支持者观点与前面正方嘉宾郭元婕话语在重音模式上是一样的。

[44c]中转述的反对者话语的重音模式凸显的是反对的意图，如"数亿"凸显影响人数之多，"激进的"、"更多、更严重的问题"则是凸显异地高考的负面效应。

在作为参照的凤凰卫视《一虎一席谈》2011年3月"外地务工人员异地高考可行吗"节目中，我们对主持人话语的观察也印证了以上观点。以节目开始的旁白为例：

[45] a. 今年两会期间，教育部部长袁贵仁表示，
目前正在和北京、上海研究，逐步推进**异地高考**。
袁贵仁部长的表态反映了城市流动人口的激增而大量子女不能参加父母工作所在地高考的**严峻现实**。
b. 而两会代表委员也为取消户籍限制**呼吁多年**。
全国人大代表李一平表示，
要真正实现异地高考的话，恐怕还要和户籍制度改革**联系起来**。
c. 而全国人大代表、教育部原副部长吴启迪认为，
异地高考牵涉的利益很复杂，
这不是教育**一家能解决**的。
d. 异地高考今年能**否**破冰，会场内外**争论不已**。

以上 [45] 转述了三种声音：代表官方启动异地高考改革的教育部部长"袁贵仁"、反映人民呼声的人大代表"李一平"和代表教育部原官员的"教育部原副部长吴启迪"。

例 [45a] 和 [45b] 转述的是强调高考改革紧迫性的观点，重音词语"异地高考"、"流动人口的激增"、"不能"、"严峻现实"、"户籍限制"、"呼吁多年"、"真正实现异地高考"、"户籍制度改革"、"联系起来"等凸显了推进异地高考的理由和行为。

[45c] 转述的是强调高考改革复杂性的观点，重音词语"教育一家"、"能解决"凸显了原教育部没有有效推进高考改革的原因。

[45d] 是主持人开题性话语，重音词语"能否"、"争论不已"凸显了接下来要进行的辩论主题。

以上我们从不同嘉宾相同立场的横向维度、同一嘉宾一贯立场的纵向维度及主持人主持和转述立场三个维度论证了重音在凸显意图时所表现的指向上的一致性：所有重音词语都是从不同侧面、不同层次为说话人意图服务的。

4.2 对重音功能的认知语用视角的解读

在上一节中，我们借鉴播音学的重音理论和语篇视角分析了真实话语语篇中的重音功能，发现基本上所有重音都在一个严密、完整的语义网络之中在不同层次、不同侧面以凸显具体意图的方式为话语的总体意图服务。对于这一现象的深入解读，我们还需要借鉴语用学，尤其是认知语用学的相关理论对相关现象做进一步的分析。

4.2.1 认知语用学视角下的交际研究

语言使用同认知、社会、文化等因素息息相关。很多学者从认知心理学的角度出发，将语用学视为认知科学的一部分，并认为语用理论是一种交际理论，但同时也强调交际理论是一种认知理论。（Sperber & Wilson, 1995; Marmaridou, 2000）

认知语用学（cognitive pragmatics）这一术语正式出现于20世纪80年代中后期，但认知语用研究早在20世纪70年代中期就开始了。自语用学兴起之后，语言学家、哲学家、心理学家等越来越关注语言使用中的认知问题，比如指示结构、言语行为、前提以及含义等语用现象的交际意义超出了语言的编码信息，是"认知心理努力之后"所产生的意义，它们都离不开类似推理这样的信息处理过程，而推理本身就是一个认知过程。具体来说，Grice 的会话含义理论、Austin 的言语行为理论及 Searle 等对该理论的发展、Sperber & wilson 的关联理论等都涉及交际中的隐含信息和语用推理，它们促成了语用学研究的"认知转向"。

认知语用学关注的是意图性交际（intentional communication）中的思维过程，即行为人（agent）从自身主观视角出发对世界的现状、过去及可能状态的有意识表征，这种思维特征使得人类个体能够有意图地进行交际。（Haugh & Jaszczolt, 2012）熊学亮也认为，认知语用学的研究领域是符号在交际意图、语境、推理等因素的干预下所做出的种种解释，比如以言行事、会话含义、认知语境（包括知识草案、心理图式、社会心理表征等）、语用推理、语用规约化、认知语法等方面。（熊学亮, 1999）从言语行为的角度来说，使用符号或语言就是为了做某事，实现说话人的交际意图，这就是"符号效果"（effects of signs）。在 Austin（1962）的言语行为中符号的效果就表现为一种"言语行为效果"（effects of speech acts）。它们与关联理论中（Sperber & Wilson,1986/1995）的"认知效果"（cognitive effects）之间存在一定的联系和共性，都是一种交际效果。

  Sperber & wilson 的关联理论被认为是认知语用学的标志性理论。关联理论从语言哲学、认知心理学、交际学等多学科的角度对语言交际做出解释，它将认知与语用研究结合起来，指出语言交际是一个认知—推理的互明过程，对话语的理解就是一种认知活动。语用学领域中对于韵律功能的研究主要就是关联理论学者在做。关联理论学者从交际的动态性出发，研究韵律在言语交际中，尤其是语用推理中的作用。他们的基本观点是：交际是一个基于意图和推理的社会行为，语言系统作为独立存在的推理系统的输入项，具有概念性编码（conceptual encoding）和程序性编码（procedural encoding）两种功能，其中程序性编码的功能就是通过省力高效的方式使得某种推理路径更为明显地展现在听话人面前，语言韵律符号编码的就是引导听话人确定说话人意义的程序性信息。（Wilson & Wharton, 2006; House, 1989/2007; Fretheim, 2010; Beaver & Velleman, 2011）

  目前这方面的研究主要还是国外关联学者以英语或西班牙语、波兰语、挪威语等对象进行的理论或应用方面的研究，而且他们基本上还是在语句或语段（utterance）水平上进行韵律功能的研究，没有细化到重音的功能，也没有扩展到语篇水平。

  本章以下借鉴认知语用学领域的相关理论，主要是交际的意图性、推理性和重音作为凸显意图的程序性编码符号等几个方面对重音功能予以阐释。本章这部分的突破点在于增加了意图的层次性视角，以解读汉语语篇中重音在语义分布上的结构性特征。

4.2.2　言语交际的意图性

  格莱斯学派认为，交际是一种基于意图和推理的社会行为。在言语行为理论、社会语用学、民族方法学等研究范式中，交际者也被看作是理性的行为人，他们有意图地从事社会活动，并且能够解释自己的行为，因为他们在某种程度上清楚他们所说的话和他们的话中所指。另外，听话人也能有意图地解释对方的话语。拥有意图是说话者的一个属性，而意图性（intentionality）则是言语行为的一个属性。意图性是指大脑表征客体、属性或事态的能力，思想态度如信念、愿望或需求都是关于某事的，拥有客观对象，所以具有意图性。（Haugh & Jaszczolt, 2012）Searle 认为，思想状态如信念和意图（beliefs and intentions）具有内在的、基本的意图性，而语言作为表达工具之一，其话语的意图性是从思想的意图性派生而来的。（Searle, 1991: 84）言语行为通过外化思想状态获得基本的意图性，又通过语言客体（linguistic object）获得派生的意图性。（Searle, 1983/1992）

　　Tirassa（1999）从心智主义的交际观（mentalist view of communication）出发，提出了"交际是一种认知能力"的看法，认为交际是大脑的一种内在能力，由共享信念（shared belief）、交际意图（communicative intention）和读心能力（mindreading）三部分组成。交际能力是基于行为人的视角提出来的，行为人是一个有目的、有意识的生命体，生活在一个情境（situation）之中（即对世界的一个主观的、开放的和变化的解读），并且努力使之变得更接近于自己的喜好。行为人的大脑必须与世界的动态情境相联系，行为人在交际中的情境化（situativity）体现在她将自己的动态认知情境与对方的认知情境联系在一起，而对方的认知情境也是行为人自己认定的。这样，交际就取决于基于行为人的主观本体论（subjective ontology），可视为"读心能力加上交际计划"（mindreading plus communicative planning）。交际背后的认知动力就是若干认识性元素和意愿性元素（epistemic and volitional primitives）的相互作用，前者包含信念和共享信念（beliefs and shared beliefs），后者包含愿望、未来指向性意图和现在指向性意图（desires, future-directed intentions, and present-directed intentions）。总之，交际是一种公共性尝试的行为，所有的参与者合作建构一个使大家都相对满意的情境。交际意图也就是行为人公开改变与对话人共享情境的意图，即她做出一些行为，使得对话人能够注意到她的行为并赋予这些行为合适的交际意义。

4.2.3　意图的层次性

　　意图被用来指称"行动计划和表征、目标指引和行动掌控"，包含从心智状态到行动的连续统。（Haugh & Jaszczolt, 2012）Searle（1983）将意图分为事先意图（prior intention）和行动意图（intention-in-action），而与说话人意义更为相关的是事先意图。事先意图的层次性表现在"顺序"和"指向"两个方面：顺序上有第一层级的信息意图（first-order informative intention）和第二层级的交际意图（second-order communicative intention）；指向上有未来指向的高层意图（higher-order future-directed intention）和当前指向的低层意图（lower-order present-directed intention）。

4.2.3.1 意图在顺序上的层次性

Grice（1957）将交际定义为"两个（或更多）行为人之间的公开互动，一方通过一定语境中的某种行为意指某事，另一方则通过观察这种行为来推导它所假定的交际意义，因此交际意义就是第一个行为人公开期望能作用于对方思想活动的一种效果"。交际意义即说话人意义或非自然意义，是通过听话人对说话人意图的识别来实现的。Sperber & Wilson（1995:54-61）进一步将意图归纳为信息意图和交际意图两类，其中信息意图就是告知听话人某事，而交际意图则是告知听话人自己的信息意图，所以交际意图本身也是一个第二层级的信息意图：一旦第一层级的信息意图被识别，交际意图就具备了基本的实现条件了。Sperber & Wilson（1995:61-63）对两种意图的内涵也有所丰富，认为信息意图确切地说是要直接改变听话人的认知环境而不是听话人的思想，所以信息意图就是将由话语承载的一系列假定 I（a set of assumptions I）明确或更明确地显示在听话人面前，而交际意图则是使说话人的信息意图互明（mutually manifest）于听话人和说话人。

4.2.3.2 意图在时间指向上的层次性

Searle 将信息意图和交际意图称为事先意图，事先意图在时间指向上的层级性主要包括当前指向和未来指向。交际意图主要是在语句层面（utterance level）解释说话人的意义，所以是当前指向的；未来指向的意图是包括长期目标（long-term goals）在内的言语或行动计划，在宏观层面上控制整个话语的进程和说话人意义，因而是更高一级的意图。Bratman（1987），Taillard（2002），Tirassa（1999），Ruhi（2007）等学者从不同视角阐述了意图指向上的层次性问题。

根据 Bratman（1987）的计划理论（Theory of Planning），计划和意图是我们为了在信念基础之上实现愿望而理性发展的思想状态。计划是一种高级意图（a higher-level intention），一旦我们制订了一个计划，就构想可具操作性的更具体的较低级别的意图，然后逐步采取行动以实现每个级别的意图。计划是以意图为元素的层次结构，由高层意图、较低层意图和即时意图等构成，它使我们能够跨越时间安排自己的行动以及协调与他人的互动。

Taillard（2002）基于 Bratman（1987）的计划理论进一步阐述了意图的层次性。她指出，在说话人要告知听话人某事的背后可能还有更高一层的目的，比如想告知正在开车的人"前面景色很美"这个信息是为了让他保持清醒。这些清楚地显示了意图的层次性结构，表明了超出信息意图和交际意图之外的计划等非交际意图是我们互动和交际行为背后的驱动力。

Tirassa（1999）从认知语用学视角阐述了话语进程中意图的参与角色。她将交际视为"读心能力加上交际计划",交际背后的认知动力就是信念和共享信念及愿望、未来指向意图和现在指向意图等基本元素的相互作用。其中信念(beliefs)编码(encode)行为人对一个给定时间的情境的了解;愿望(desires)编码行为人的潜在目标(potential goals);而意图编码行为人的实际目标(actual goals)。愿望参与未来指向的意图的生成,而未来指向意图控制整个对话进程,反过来又参与当前指向意图的生成,当前意图最终控制单个交际行为的生成。一个行为人在对话中的行为,是在她的未来意图范围内,通过轮流交谈的机会生成合适的当前指向的意图,并伴随着反馈修正,交流她的相关愿望和未来指向的意图。

Ruhi(2007)通过对赞赏行为的实例分析,揭示了意义和行为是被高层意图层级性控制的,高层意图影响单个言语行为的生产和语篇的展开。

4.2.4 意图的推理性

Grice 通过意图和推理来解释话语意义,意图的推理性就体现在对言语交际中话语意义的推理过程中。Grice 理论中,说话人意义通过说话人意图得到阐释:如果一个行为人打算让某个行为在听话人身上产生一些效果,而这些效果至少部分地是通过听者对那个意图的识别来实现的话,那么这个行为人是通过一个特定行为意指一件事。简言之,"说话人 U 通过 x 意指一个命题 p,当且仅当对于一些听者 A 而言,U 打算:通过说出 x,U 使 A 相信(U 相信)命题 p"。

说话人意义通过说话人意图得到阐释,而对说话人意图的识别是在推理过程中完成的。现在一般认为,语用推理是一种逆证或溯因推理(abduction),是由结果推导原因的 q → p 式反向推导模式(retroductive reasoning),通过对原有假设的确认、证伪、重建或认可,在一堆可能的解释中寻找最佳解释。(熊学亮,2007:79)例如:

[46]A:汽车油表指数又低了。
　　B:加油站还有多远?
　　A:我出来前刚加过油。
　　B:是不是油箱漏油?
　　A:没见漏油啊。
　　B:可能油表有问题。

在 [46] 中,表示结果的 q(油表指数低)可能由三个原因导致,分别是原型性较高的 p(油箱无油)、原型性相对较低的 r(油箱漏油)和 s(油表有问题)。在语境的作用下,最后推导出 s 可能为最佳解释。

言语交际中被推理的说话人意义也分为不同类型。根据言语行为理论和会话含义理论,话语意义主要有明说的意义(what is said)和意指的意义(what is meant),明说的意义即句子的字面意义;而意指的意义则是言外之意或含义(implicature)。

意指义与明说义之间有一致和不一致两种情况。不一致情况下的意指义或含义又分为由句子本身的词语或结构可以推导的一般会话含义和需要特殊语境才能推导的特殊会话含义，或者不违反交际准则而产生的标准会话含义和违反交际准则产生的非标准会话含义。那些由句子本身可以推导的常规含义、一般会话含义或标准会话含义介于明说义和特殊会话含义或非标准会话含义之间，Bach（2006）称之为"半隐义"（impliciture），Sperber & Wilson 等关联理论学家称之为"半明义"（explicature），总之是从不同视角指称半明半隐的意义，如蕴含、语义预设等。这样，话语意义包含如下三种情况：

1) 与字面意义完全一致的明说义；
2) 由语句本身可以推导或扩展的半隐义；
3) 根据语境推导的与字面意义不一致的会话含义。

  Bach（2006）认为，对于不同类型的话语意义，即明确义、隐含义及介于其中的半隐或半明义，听话人的理解过程都是一样的，都需要通过推导来判定意指义与字面义是否一致。即使一个说话者表达的是完完全全的字面义，仅靠解码过程（decoding）也是不能够发现的。Carston（2004）和其他关联理论学者也认为话语解读的过程是一样的，但他们的理由是，很少有语句能完整表达命题，需要对语句的逻辑形式（logical forms）进行扩展或丰富（enriched）以确定和表达（determine and express）一个命题。总之，交际意义是靠解码和推理来解读的。

  Taillard（2002）指出，在意图性交际中，传达意图既是手段又是目的。听话人对意指义的发现是在最佳关联假设（the presumption of optimal relevance）的引导下展开的，即话语至少具有值得去处理的关联性，而且是说话人基于自己的能力和偏好说出的最关联的话。语音作为语用意义最终端的一种实现手段，在交际中表现出丰富的有利于意义推理的特性。

4.2.5 韵律作为话语意义推理的程序性编码手段

  关联理论认为，交际是一个明示—推理的过程，说话人以明示的方式有目的地交际就是带着实现信息意图的目的产生一个刺激，这个刺激使得说话人具有这种信息意图的事实互明于听话人和说话人，即说话人想通过这个刺激使得一系列假设 I 对于听话人来说明确或更明确。（Sperber & Wilson,1995:50-54）House（2007）基于关联理论对交际者角色进行了归纳，认为说话人的任务就是以最能引导听话人做出预期解读的方式来表述话语，所遵循的原则是将信息做"前景—背景"处置，使得语句既能够反映说话人的假设又能够反映他基于对听话人的评估而做出的有利于听话人理解的结构安排；而听话人的任务则是综合运用语言解码和推理的方式来推导话语内明确和隐含内容的相关假设，并用最小认知努力来获得最大关联的解读。

一个明示行为就是产生一个明示刺激以吸引听话人的注意力并聚焦于说话人的意义。(Wilson & Wharton, 2006) 鉴于此，Blakemore (2002) 在 Sperber 编码元程序 (encoding metaprocedures) 概念的基础上，进一步提出概念性编码 (conceptual encoding) 和程序性编码 (procedural encoding) 的观点。编码元程序负责管理感觉、记忆提取或推理中常规的关联指向程序的可及性 (accessibility) 或激活水平。概念性编码是指对概念性信息的编码，而程序性编码就是指一个词（或其他语言表达）所编码的信息是专门为在理解的推理阶段引导听话人至意指的解释 (intended interpretation) 而设置的。在最佳关联假设的前提之下，说话人通过省力高效的方式使某种推理路径更明显地展现在听话人面前。Blakemore (2002) 探讨了具有程序性编码功能的语言符号如话语小品词，概括出它们的一些程序性意义，见下：

1）直接编码意图所指的认知效果；
2）限制产生认知效果的语境；
3）把听话人引至特定的系列假设；
4）对意义明确的内容设定程序性限制；
5）标明非陈述句的地位等。

Wilson & Wharton (2006) 和 House (2007) 等认为韵律符号也具有类似的程序性意义。House (2007) 研究指出，韵律选择可以有不同的指向功能，见下：

1）指向语言内容本身的解读；
2）指向情感语境 (affective context)，以交流说话人情感态度之类的副语言 (paralinguistic) 信息；
3）指向互动顺序的组织等。

概括来说，韵律结构将听话人引至相关的认知语境来解读说话人意义；语调引导听话人对话语进行评估；韵律的很多方面互相作用以标示如何建构互动本身。所有这些程序共同作用以提高口头交际的效率。

目前国外关联理论学者主要还是在整体概念上探讨语言韵律符号的程序性编码功能，对于重音尚没有专门系统的研究，只能在相关论述中找到一些零星、片段的涉及。Sperber & Wilson (1995) 认为，焦点重音 (focal stress) 可以让听话人以一种有序的方式推导一段话语的蕴含意义，这种方式使得最重要和最相关的含义置于前景，从而降低了处理成本。House (1989) 从前景和背景视角进一步论证了重音分布在话语意义推理过程中的程序性编码功能。她以 Sperber & Wilson (1986:194) 书中的一个对话为例，通过变换重音分布来比较由此所导致的推理路径的不同。下面对话中（47c）和（47d）是 House 添加的比较项。

[47] a. 彼得：你愿意驾驶一辆梅赛德斯吗？

（Peter: Would you drive a Mercedes?）

b. 玛丽：我不愿驾驶任何昂贵的车。

（Mary: I wouldn't drive ˋANy expensive car.）

c. 玛丽：我不愿驾驶任何昂贵的车。

（Mary: I wouldn't drive any exˋPENsive car.）

d. 玛丽：（i）嗯，事实上（ii）我不愿驾驶任何昂贵的车（iii）因为我能想到更好的花钱方式。

（Mary: (i)Well ˋACtually | (ii) I wouldn't drive ˇANy expensive car | (iii) because I can think of ˋBETter ways to spend my money.）

House（2007）提出语调手段是一种标记（marker），比如重读（accenting）标记前景信息，非重读（deaccenting）标记背景信息，重音轮廓（pitch contour）中的降调（fall）标记前景信息，降升调（fall-rise）标记背景项之间的隐性比较，等等。

以上[47b]和[47c]都是针对[47a]的间接回答，推理的关键在于"昂贵的车"与"梅赛德斯"的联系。[47b]中玛丽以非重读形式将"昂贵的车"标记为背景信息或语境中可推导的信息，引导彼得将之与[47a]中的"梅赛德斯"联系起来，即：

[48] 玛丽相信梅赛德斯是辆昂贵的车。

玛丽再以降调的重读形式将"任何"凸显出来，使得[47b]的否定项明确指向"任何"的下限量义项（即"甚至一个"）。这样彼得可以较为可靠地推导出玛丽的真实意图：

[49] 玛丽不愿意驾驶梅赛德斯。

但在[47c]中，"昂贵"被重读，成为前景信息，玛丽不再能确保[48]的真值。一个可能的隐含前提也许是：

[50] 玛丽没有觉得梅赛德斯和昂贵的车之间有必然的联系。

所以任何隐含的结论都是不确定的：

[51] 如果梅赛德斯是辆昂贵的车，玛丽就不会驾驶它；但如果不贵，她可能会考虑驾驶它。

彼得仍然可以从玛丽的回答中得出[48]和[49]的结论，但他自己要为这些结论负责。

而在[47b]和[47d]中，量化词（quantifier）"任何"在重音轮廓上的不同也导致了被凸显义项的不同。[47b]中降调的前景功能凸显了"任何"的"甚至一个"（even one）的义项，而[47d]中降升调的背景比较功能凸显了"任何"的"无论哪一个"（whichever, whatever）的义项。结果与否定词结合以后，在[47b]中的意义就是绝对否定，导致结论[49]；而在[47d]中的意义是"不是无论哪个"，那么有可能推导出：

[52] 可能有些昂贵的车玛丽愿意驾驶。

总之，重音分布及重音轮廓的不同会造成语句中前景和背景的不同，由此也会导致推理路径和结论可靠性的不同。

4.2.6 语篇层次上重音功能的解读

关联理论关于韵律作为程序性编码手段的观点是非常有启发意义的，但它更多关注的是听话人在话语理解中的推理过程，而且没有扩展到语篇层次。本章拟从说话人和听话人两个视角来解读重音的程序性编码功能。在此之前，我们有必要先介绍一下社会语用学领域中对自然语言交际中话语意义的产生与解读方面的研究。

4.2.6.1 社会语用学视角下的话语意义研究

Fetzer（2002）从社会语用学视角系统阐述了自然语言交际中话语意义的产生与解读。作者指出自然语言交际中交际者交流的信息基本上有三种：

1）事实性或命题性信息；
2）涉及礼貌和交际地位的人际信息；
3）涉及语句顺序地位的互动信息（interactional information）。

三种信息中，事实性信息可以通过明确和隐含的方式实现，人际信息和互动信息则很难以明确的方式实现。因为自然语言交际发生于语境之中，而语境是一个关系概念（relational concept），表现为类似洋葱结构的无限多的相互依存层，如直接的语言语境、直接的社会文化语境（由参与者和他们直接所在的时空物理环境组成的微观情境和更大的社会文化语境等。自然语言交际中，语句（utterance）和社会行为组成更大的单位如相邻对、语序或话语类型，而这些又是更大的社会文化语境的组成部分。正是由于语境的这种包孕性，一个说话人的交际意图一般不使用明确的行为词（performative）来明确展示。相反，一个交际意图包孕在直接的社会文化和语言语境中，由听话人依赖于背景假设和其他语境资源去推理。

Fetzer 的意义观是基于哈贝马斯（1987）的"交际行为理论"（theory of communicative action）发展而来的。哈贝马斯认为，交际是对有效断言的假定与认可（the postulation and ratification of validity claims），而且两者都是恰当交际的必要和充分条件。因此，自然语言交际要求至少有两个行为人：一个假定一个有效断言，另外一个认可这个断言，这样就构成了一个协商过程。解读一个有效断言就是阐明它的所有语用预设。对断言的假定与认可发生在生活世界（lebenswelt）中，这个生活世界分为外在的客观世界、社会世界和内在的主观世界：外在的客观世界由事实性真理决定，社会世界由正常的人际关系的总和决定，内在的主观世界由表达和情感范域决定。交际中，行为至少会置身于一个世界，但总是会置身于客观世界。因此，对有效断言的协商置身于说话人、听话人和世界的三合一组合中，它协调参与者们的交际行为。哈贝马斯还认为，言外之力（illocutionary force）决定了什么样的有效断言被假定，断言是如何假定的以及为什么这个断言被假定。哈贝马斯承认交际的间接性（communicative indirectness）必须用意图语义学（intentional semantics）理论来解释。

Fetzer 从微观情境视角来解读哈贝马斯的交际理论，将哈贝马斯的"有效断言"和"生活世界"的概念与交际参与者（coparticipant）、交际意图和有序组织（sequential organization）联系起来。不同于哈贝马斯关于对有效断言的假定和认可可以只包含指向客观世界的单个指称这个观点，Fetzer 认为交际者同时参照三个世界假定断言，然后用语言表述。对有效断言的协商或对话行为是发生于客观、主观和社会世界的三分系统和它们的预设之中，界定如下：

（1）客观世界由真假二分法决定

指向这个世界的指称具有命题形式的理论性陈述的特征，即指称和述谓。它们的语言表征模式是直接/明确的。对客观世界的有效断言指称的不接受表现为句法和语义否定。

（2）主观世界由真诚性（sincerity）这个前提决定

也就是说，说话人交际意图正如言语所指，也按所指来解读。指向这个世界的指称表现为情感信息，它们的表征模式是非线性的，即同时明确/隐含，如非言语交际或伴随言语交际行为。对主观世界的有效断言的接受显示于真诚的交际，而对主观世界的负面指称（negative reference）通常被认为是说谎。

（3）社会世界由合适性范式来决定

指向社会世界的指称既有明确表征也有隐含表征。社会世界又分为另外一个三分系统的范畴，即语篇的（textual）、人际的和互动的（interactional）预设：

1) 语篇子系统由格莱斯准则和会话含义支配（控制）。它包含明确的和隐含的语言表征模式。明确的表征不违背质、量、相关和方式四个准则，隐含的表征则违背一个或多个准则，因此产生会话含义以提取说话人的意图意义。

2) 人际子系统由生产和接受形式和参与者的面子需求决定，这些表现为对直接或间接策略（on-record and off-record strategies）的使用。与语篇子系统一样，间接表征的意义是在格莱斯合作原则的框架中通过推理过程提取的。参与形式包含参与者的生产和接受以及参与角色。隐含指称（implicit references）由人称代词和专有名词表征，明确指称阐明相应的参与角色。参与者的面子需求显示于积极和消极面子的指称，这些通过明确和隐含模式表征。一般来说，对参与者面子需求的隐含指称显示于间接言语行为和对会减弱社会行为的语用力量的交际策略的使用。

3) 互动性子系统由语篇 discourse 的语序组织支配。它是基于毗邻对原则，即毗邻对、毗邻位置和毗邻关系。一般来说，它只在有效性协商顺序中明确提及。这个子系统的指称由话语标记隐含表征，也由具体毗邻对的限制和要求明确表征。

4）语篇、人际和互动子系统各自都有子系统专属的语境标记明确或隐含表征，比如模糊语（hedge）指向语篇子系统，人称标记语指向人称子系统，互动标记语指向互动子系统，有后指（cataphoric）如"now"和前指（anaphoric）如"well, but"之分，等等。（Fetzer, 1994/1999a）

Fetzer 对自然语言交际中话语意义的产生与解读的研究为下面从说话人及听话人视角对重音功能的分析提供了较为细致的可操作性理论框架。为明晰起见，本章对 Fetzer 关于对话行为中说话人对意义的假定过程做了一个总结，如表 4-1 所示。

表 4-1　Fetzer 关于对话行为中说话人对意义的假定过程

交际语境	指称特征		语言表征模式 （mode of representation）
客观世界	指向这个世界的指称具有命题形式的理论性陈述的特征，即指称和述谓		明确
主观世界	指向这个世界的指称表现为情感信息		明确
			隐含：非言语交际或伴随言语交际行为
社会世界	指向这个世界的指称表现为明确和隐含两种	语篇子系统	明确：不违背质、量、关系和方式四项准则
			隐含：违背一项或多项准则从而产生会话含义
		人际子系统	明确：直接策略
			隐含：间接策略
		互动子系统	明确：具体相邻对的限制与要求
			隐含：话语标记

4.2.6.2　言语交际中重音的程序性功能

在本章前面的内容中，4.1 节论证了重音在凸显意图时所表现的指向上的一致性：所有重音词语都是从不同侧面、不同层次为说话人意图服务的。4.2 节介绍了有助于解释这个现象的理论，如交际的意图性（包括意图的层次性）和推理性、韵律编码的程序性功能及自然语言交际中话语意义的产生与解读等。

关联理论的核心关注点是言语交际中话语意义的认知推理过程，所以它对于意义表达中其他方面比如情感的表达就忽略了。如前面介绍的 House（2007）关于说话人和听话人的任务的观点中就没有涉及情感因素。她认为言语交际中说话人的任务就是以最能引导听话人做出预期解读的方式来表述话语,而听话人的任务则是综合运用语言解码和推理的方式来推导话语内明确和隐含内容的相关假设,并用最小认知努力来获得最大关联的解读。而 Fetzer 关于话语意义的产生与解读的理论则更加关注说话人意义的产生过程。

本节下面准备从意图的层次性、话语意义的表征模式和重音的程序性功能等视角来解读言语交际中重音对于说话人和听话人不同的程序性功能。表 4-2 是本节基于前面所述理论综合而成的一个分析框架,其中以命题陈述作为语言表征形式的概念性编码指向客观世界,这些命题陈述一方面承载不同层次的意图表达,另一方面则通过重音等程序性编码手段凸显指向主观世界的情感信息和社会世界的交际信息。

表 4-2 自然语言交际中话语意义的表征框架

意图			语言表征	
		概念性编码	程序性编码(重音)	
		客观世界 (命题陈述)	主观世界 (情感信息)	社会世界 (语篇子系统、人际子系统、互动子系统)
总意图				
分意图	次分意图	……		

本节在前面 4.1.2.2 部分曾经以反方嘉宾王海涛为例探讨了他话语中的重音成分在意图指向上的一致性,其中"两分钟阐述"部分语义结构紧凑,意图层次分明,语段也不太长,这里再次拿来作为说话人重音功能的例示,放入上面框架中做更深入的解读。具体分析过程见表 4-3。

表 4-3 说话人重音功能分析例示

意图	语言表征		
	概念性编码	程序性编码(重音)	
	客观世界 (命题陈述)	主观世界 (情感信息)	社会世界 (语篇子系统、人际子系统、互动子系统)
总意图	("一句话表明观点")		
反对放开异地高考	如果以学籍代替户籍的话,高考将会成为**富人**的游戏,会增加**更多**的**不稳定**因素,对社会来讲。	重音词语凸显说话人的价值判断或言辞的可靠性	重音词语凸显"富人"与"普通打工者"的隐性对比,言外之意:只有富人受益,发起异地高考倡议的普通打工者们不会从中受益;"更多"、"不稳定"凸显词语本身的程度义和性质义,表明后果的严重性。

续表 4-3

意图		语言表征		
		概念性编码	程序性编码（重音）	
		客观世界 （命题陈述）	主观世界（情感信息）	社会世界 （语篇子系统、人际子系统、互动子系统）
分意图	次分意图	（"两分钟阐述"）		
北上广家长现实的投机行为	人数的庞大性	这些年我已接触了**上万**名的高考这个**报考**的学生。		"这些年"凸显时间上限义，强调时间之长；"上万"凸显数量上限义，强调人数之多； "报考"凸显词语明确义，指明核心当事人；本句言外之意：我的从业经验使我有这方面的发言权。
	操作的投机性	我们服务他们的时候，我会发现有一**操作手段**，也就是说很多北上广这样的学生的家长，他**愿意**让他的孩子到**外地**去上高中，而**回到**北上广这儿来高考。因为在**当地**的对于**分数**的训练的话，他们**相对**来说，要比北京地区相对好一些。**然后**反过来，回到北上广城市高考的话，大概能提高**一百**多分。	重音词语凸显说话人的价值判断或言辞的可靠性	"一种操作手段"凸显词语明确义，将之作为阐述的中心概念； "愿意"凸显明确义，强调家长愿望的强烈程度； "外地"和"回到"凸显句内对比义，强调此种操作的非常规性； "分数"、"一百"是凸显投机操作的原因； "当地"、"相对"、"然后"、"回到"等凸显对比，强调操作过程的投机性。
	投机行为的广泛性	那**这**样的话，是很多**家长**的选择。那就是说导致于北上广这样的**城市**，它对高考是有一定的**优势**的。		"这"凸显现实的可投机性； "家长"凸显北上广家长的现实选择； "城市"凸显大城市作为争议的核心； "优势"凸显引发"异地高考"争议的根由。
外地富人家长潜在的投机愿望	投机后果的严重性	第二个观点，如果**放开**学籍来讲，我刚才说的一句话就是说，它可能会带来成为**富人**的游戏。		"第二个"凸显与上文的组织衔接关系； "放开"凸显与"不放开"的隐性对比，"放开"会有什么结果； "富人"凸显与普通打工者的隐性对比，只会有富人从中受益。
		如果说北上广的学籍一旦放开，我们说三年也好、四年也好，这个**三年到四年**，开放了以后来讲的情况下，**由于**它**目前**的**利益**驱动来讲的话，**大批量**的考生会聚集到这个地方。		"如果"凸显所假设事物产生严重后果的可能性； "三年到四年"凸显时间长度足以产生严重后果； "由于"、"目前"、"利益"凸显产生严重后果的诱因； "大批量"凸显产生严重后果的直接原因。
		那就**导致**于很多这个地方的**入学难**就**更加**加剧。		"导致"凸显严重后果的发生； "入学难"凸显严重后果是什么； "更加"凸显程度。
		那**这样**的话，就带来**更多**的不公平。		"这样"凸显不利的状况； "更多"凸显程度，强调最终的不利后果。

重音之于听话人的程序性功能在关联理论学者那里已有较多探讨，如 House（1989/2007），Fretheim（1994/1996/1998/1999/2002/2010）等的研究。本节将之扩展到汉语语篇层次，以包含多个话轮的对话为例，探讨重音对于引导听话人快速、准确地理解说话人意图的功能。

以下例 [53] 中的话轮采用简称标注，因为对话者的身份对于确定说话人观点及话轮转换都很重要：

1）主＝主持人王凯；
2）郭＝正方嘉宾郭元婕；
3）谭＝学生家长谭玉红；
4）朱＝反方嘉宾朱煦。

简称后面的序号标示说话人语段的顺序，有些语段因较长省略了一些无关的内容。

[53] 主₁：双方在阐述观点的时候，我觉得其实都在说两个字：**公平**。

我们就在**第一轮**的自由辩论的时候，好好探讨探讨"公平"二字，好不好？**现有**的这个**不**开放学籍的高考制度，你们还认为有**哪些**的不公平？

郭₁：第一个不公平呢……

就是说，**我有没有**权利，**有没有机会**去选择，和你**给不给**我权利，**给不给**我机会去选择，这是两个概念。

朱₁：对，你说到了权利，我刚才还接着问你，就说**这样**的权利是不是可以**不受限制**？……

那么，我想北京、上海凭学籍来考会变成**什么**呢？这**自然**可以想象的。就北京、上海除了大城市，除了金融中心，除了政治中心和首都之外，它们这两个城市会成为中国的考试城市、高考城市。

郭₂：那么为什么一定要到北上广来考呢？为什么我不能到河南郑州去考呢？

朱₂：对，好。你问得**非常**之好。那么你就问问你**身边**这位家长，她**会**让她的孩子去那里考吗？

谭₁：我只要在哪里工作，我就让孩子在哪里考试。

朱₃：**如果**您在哪里工作，您的孩子就在哪里考，我现在想**假设**的是，您的孩子是**北京**户口，您还会这样选择吗？

谭₂：对于我这个母亲来说，我是希望孩子跟我生活在一起。无论我在哪儿，我把孩子带在我身边，孩子跟我在一起生活，天经地义。

朱₄：好，您能做到。更多的家长能做到吗？……

谭₃：那为什么就非要来北京考呢？那还是因为**不公平**造成的吧。

我来北京的时候，我是来上大学来的。……
我怎么能想到我要来讨便宜来了呢？
朱₅：我也想讨这个便宜。这对于每个家庭来讲，对于每个人来讲，这个很正常。
但是，问题的关键在于哪里呢？我们今天讨论的是**如果**把（户籍）学籍放开，大家可以拿着学籍，想到哪儿去考就到哪儿去考。
如果**这个**是可以**成立**的话，注意，这个是可以成立的话，那它带来的不是您一个家庭。……
主₂：您千万不要用仇恨的眼神去看着他，他不是说**您要**讨便宜。
他是说这个政策如果执行的话，怕有很多家庭会为了这个去讨便宜。是这个意思吧？

上述语料是节目中"自由辩论"环节主持人和正、反方嘉宾就现行高考制度的"公平性"或"不公平性"进行的一段对话。按照 House（2007）的观点，语调手段是一种标记，重读标记前景信息，非重读标记背景信息。在例 [53] 这个多方参与的会话中，重音词语起到了将辩论话题前景化（foregrounding）的作用，使得各方围绕这个话题阐述自己的观点。

我们在前面用了很长的篇幅探讨过重音词语在凸显每个说话人的意图时所存在的指向上的一致性。将之推广到本节的议题上，就是：

1）主持人重音凸显发现、引导、概括、点评等主持意图。
2）正方嘉宾的重音词语都是指向现行高考制度的不公平性。
3）反方嘉宾的重音词语则是强调现行高考制度的相对公平性。

本节对此不再予以详细论证。以下主要针对对话时各方的即时反馈分析重音对于听话人的引导作用。

[53 主₁] 中主持人两次用强重音将"公平"二字前景化，使它成为辩论的中心，另外通过重读"现有"、"不开放学籍"、"还认为"、"哪些的不公平"等词语给辩论嘉宾限定了说话内容，而辩论嘉宾也确实准确把握到了辩论的核心。

[53 郭₁] 中郭元婕就明确以"第一个不公平"开始她的辩论，后面的"我有没有权利……"、"和你给不给我权利……"等都是对"不公平"的具体阐述。

[53 朱₁] 中朱煦针对 [53 郭₁] 所提及的"权利"进行了逻辑推导，反问句形式及重音词语如"权利"、"这样的权利"、"是不是可以"、"不受"、"限制"、"会变成什么"、"高考城市"等凸显了朱煦所要表达的意图：

[54] "这样"凭学籍到处考试的"权利"应该"受到限制"，否则，北京、上海会成为中国的"高考"城市。

[53 郭₂] 针对 [54] 以并列反问句形式进行了反驳，两个"为什么"凸显了"北京、

上海会成为中国的'高考'城市"理由的不充分:

[55] 外地人不一定都来到"北上广"来考试。大家也可能到河南郑州去考试。

[53 朱$_2$] 中朱煦针对 [55] 也以反问句形式及重音词语"身边"、"她会……吗?"凸显他的质疑:

[56] 先不说其他的外地人,你"身边"的这位家长可能就"不会"让她的孩子去那里考试。

[53 谭$_1$] 中没有明显的重读成分,因为谭玉红正在争取的正是让她的孩子在北京考试,而不是外地什么地方。但她还是提出了有利于自己的逻辑:

[57] 父母在哪里工作,就让孩子在哪里考试。

[53 朱$_3$] 朱煦针对 [57] 还是通过反问形式及重音词"如果"、"假设"、"北京户口"以假设关系凸显了自己的质疑:

[58] "如果"您的孩子是"北京"户口,"您"可能就不会这样选择了。

[53 谭$_2$] 中谭玉红基于自己在北京工作的事实,反复强调有利于自己的逻辑,以模糊方式化解了 [58] 的质疑:

[59] 父母在哪里工作,孩子就应该在哪里生活、上学,这是"天经地义"的。

[53 朱$_4$] 中朱煦针对 [59] 中看似严密的逻辑,还是以反问句及将重音表达"您能……"和"更多的家长能……吗"对照的方式来凸显他的质疑:

[60] 即使您能做到,恐怕"更多"的家长也"不能"做到。(其实您也做不到。)

[53 谭$_3$] 中谭玉红以重音词语"为什么"、"不公平"及反问+设问的口气回答了 [60] 的质疑:

[61] 外地人之所以急迫地要来北京考试,是因为"不公平"的客观原因造成的:北京高考可以"讨便宜"。

而"我怎么能想到……讨便宜来了呢?"的反问语气及重音词则是凸显她是为个人发展而来的,不是为讨便宜而来的。

[53 朱$_5$] 中朱煦的重音表达"也想"、"这个很正常"、"问题的关键"、"不是您一个家庭"等凸显了针对 [61] 中的"讨便宜"所展开的辩证推理:

[62] 想讨便宜的人太多,可能会造成数量上的失控。

[53 主$_2$] 中主持人的重音"千万不要"、"他"、"您要"等凸显了主持人协调气氛、掌控局面的主持立场。

总之,以上对话中说话人的重音词语在凸显自己的意图并进而引导听话人准确、迅速地理解其意图的过程中起到了至关重要的作用。推动整段对话以内在语义衔接的方式向前发展的主要动因正是来自这些被前景化了的重音词语。

本节基于交际的意图和推理特性,从意图的层次性和程序性编码概念的视角解读了汉语语篇中重音在凸显说话人意图方面的宏观结构性特征。这样的解读相对以往研究中仅局限于语句层面的重音推理而言是一个明显的突破。

4.3 本章小结

本章探讨了语篇视角下语句重音的功能，并主要从认知语用学视角进行了解读。

4.1 节借鉴播音学的宏观语篇视角的重音观，对所选语料进行实证性研究后发现：在一个语义结构完整的语篇中，所有重音词语都是为凸显说话人意图服务的，都可以通过对说话人意图的解读而得到解释。当说话人意图保持一致时，为这些意图服务的重音词语在意图指向上也是一致的，这一点通过从不同嘉宾同一立场的横向维度、同一嘉宾一贯立场的纵向维度和主持人话语功能等三个维度都得到了论证。概而言之，所有重音都是在不同侧面、不同层次为说话人的总体意图服务的。

4.2 节对以上现象进行了认知语用视角的解读。一个人的重音词语之所以具有凸显意图的功能而且表现出意图指向上的一致性是因为人类交际就是以意图交际为根本目的的。意图是隐藏于言内行为的言外之意，需要经过推理才能得以明确；而且人类是计划动物，意图具有层次性，有长远意图和当前意图、信息意图和交际意图等类型。关联理论认为，人类交际是基于最佳关联机制的，即说话人尽可能让自己的话语具有最大关联性以值得听话人去处理，而听话人则是综合运用语言解码和推理的方式来推导话语内明确和隐含内容的相关假设，并用最小认知努力来获得最大关联的解读。重音就是帮助说话人高效表达自己的思想感情并引导听话人准确、快速领会说话人意图的程序性编码手段。这些也在本章中通过实例得到论证。

第 5 章　重音性质：表征性与冗余性

在第 4 章中，我们对于重音的语用功能进行了认知分析。分析结果表明，重音是帮助说话人和听话人提高交际效率的程序性编码手段，以凸显说话人的意图为基本功能。本章拟在此基础上进一步探讨重音的表征性与冗余性的问题。

自然语言的语句在传达基本命题信息的过程中还带有或明或暗且程度不等的主观性，而且这种主观性往往与语句的焦点信息相关。就焦点信息的标记手段而言，以重音为代表的韵律特征起到了重要作用。相对于命题表达，这类语音特征往往具有冗余性质。

5.1 节探讨焦点及与其所反映的信息之间的关系问题，第二节探讨重音作为焦点表征手段的普遍性以及焦点表征形式的冗余性问题。

5.1　焦点与新信息及主观性

"焦点"本是个光学概念，指的是平行光线经透镜折射或曲面镜反射后的会聚点。Halliday（1967）将这一术语引入到句子的功能分析中，用以指称述题部分体现句子新信息且韵律上凸显的部分。综观 Halliday（1967）及之后学者对焦点的定义，基本上都指出了"说话者认定的"、"希望听话者特别注意的"、"以特别手段表达的"、"话语的重点信息"这几点。比如，Dik（1997）就认为，所谓的焦点就是指在一定的交际背景下，某一语言表达中说话人认为最有必要传达给听话人的、相对来说最为重要或显著的那部分信息。再如，在温锁林（2001）看来，作为表达重心或表达重点的焦点是一句话中说话人传达给听话人的最重要的信息，或是由于表达的需要而着重说明的部分。又如，焦点是一个句子中在意义上比较突出的部分，是说话人希望听话人格外注意的部分；（袁毓林，2003）焦点是句子中的最重要的新信息，焦点化的成分不仅是新信息，而且是最主要的，要依赖一定的语法手段来表示；（石毓智，2005）广义理解的焦点是句子内部被赋予信息强度最高的部分，是说话人最想引起听话者特别注意的部分；（王宏军，2009）等等。可见，这些学者都认同焦点是一种在主观意图操纵下以一定的聚焦方式获得凸显的信息，主观性和凸显性是焦点的根本特性。

　　Halliday（1967）最早提出焦点反映句子的新信息，并将新信息分为三种情况：①"通过语篇或情境都不能推导"的信息，包括经验意义和人际意义中产生的新信息，如对某一个断言的确认也是一种新信息。②"跟某个预测的或陈述的选择项对立"的信息。③是"替换预设问题中的疑问词"的信息。Jackendoff（1972），Prince（1986），Lambrecht（1994），Van Valin & Lapolla（2002）等学者也大都认为，某个单一的成分无所谓信息的新旧，而是"新"、"旧"信息之间的关系使得断言具有信息价值。不管一种信息是否在语境中出现，如果它能够满足一个新的断言，它就是新信息。如：

　　[1]A: What did John wash？
　　　B: He washed THE DISHES.
　　[2]A: She bought a sweater and a shirt. And you know what she gave to Harry?
　　　B: She gave the SHIRT to Harry.
　　[3]A: Did you see John or Bill?
　　　B: BILL.

　　例[1]中的 DISHES 是语境中没有出现的全新信息。例[2]中 SHIRT 虽然已经在前面的话语中出现了，但是它满足了一个新的断言，即相对于开放命题"She gave ⊗ to Harry"而言，SHIRT 是语境没有提供的新信息，因而是焦点成分。同样，例[3]中的 Bill 同前提"speaker saw X"有焦点关系：Bill 是断言的焦点，"X ＝ Bill"使断言具有了信息价值，即词和整个命题之间的关系构成了所谓的新信息。

　　Chafe 从心理学中的意识视角出发，认为新信息是指"说话人假定通过其话语所引入到听话人意识中的东西"（1976）。既然焦点是说话人主观意图的一种体现，那么新信息除了与上述话语命题内容有关外，还可能与说话人的主观态度与情感有关。自然语言不仅仅用来表述命题，同时也为言语行为者表达自身态度、信念提供特定的结构及其他操作手段，前者如英语中的分裂句结构尤其是假分裂结构，后者如各种韵律，等等。语言一旦体现说话人的信仰或态度就在一定程度上具有主观性。沈家煊（2001）这样来总结主观性："'主观性'是指语言的这样一种特性，即在话语中多多少少总是含有说话人'自我'的表现成分。也就是说，说话人在说出一段话的同时表明自己对这段话的立场、态度和感情，从而在话语中留下自我的印记。"

我们认为，说话人的态度、情感是不与命题意义直接相关的主观意义，也是说话人着重传达的一种新信息。在一般性词汇中，富有联想意义（如褒贬义）的形容词、名词、动词等实词，或有一定意义的副词（如"连"、"也"、"并"、"可"、"又"、"才"、"就是"、"甚至"、"尤其"、"特别"、"仅仅"，等等）往往可用以传递主观性意义。学术界近年来对某些焦点副词或焦点敏感词主观性意义的认识不断加深，已有很多成果面世。如，在李宝伦、潘海华、徐烈炯（2003）介绍的对焦点敏感的9种结构中，像量化状语（如 always）、能愿动词（如 must）、情感事实语及态度动词（如 odd）、否定、最高级形容词等，都或多或少涉及主观的情感意愿；袁毓林（2006）也认为"'连'字句"表示了一种反预期的句式义，传达出一种出乎意料的新情况；武果（2009）认为话语中的副词"还"兼有客观的持续义和主观的反预期义；齐沪扬、李文浩（2009）探讨了短时义副词"才"的凸显度与主观化；温锁林（2010）对比了语气副词"并、可、又、才"，指出它们是附着于句子命题之上、表示说话者情感态度的语用成分，表达申辩口气是其共同的语法意义，而"预设"则是其共同的语用背景；等等。

概而言之，焦点所反映的信息既有与命题直接相关的客观意义上的新信息，也有反映说话人主观态度的新信息。总之，正如 Chafe（1976）所言，焦点是"说话人假定通过其话语所引入到听话人意识中的东西"，是说话人在特定语境中根据其对听话人的认知情况所做的评估，通过话语的命题意义或非命题意义对听话人的知识储备所做的贡献。

5.2 重音作为焦点表征手段的普遍性以及焦点表征形式的冗余性

5.2.1 焦点与焦点标记

上节说过，焦点作为语句中最能体现话语意图的成分，是说话者以特别手段表达的、希望听话者特别注意的重点信息。焦点所凸显的信息都是新信息，包括命题性信息和非命题性信息，但并非所有的新信息都是焦点，只有那些通过特别手段加以凸显的新信息才是说话人着意强调的信息。

新信息也可以做低调处理，如不施加任何强调手段，甚至于放到预设的地位上。例如，"当年我和罗素一起吃饭的时候……"或"当年我和爱因斯坦一起吃饭的时候……"这样的表述方式常用来讽刺哲学界或科学界人士的故意低调：同大师一起吃饭本是本领域一般人天大的荣耀，如果用轻描淡写的方式带过去，反而显出说话人的不真诚。把新信息放在预设中是一种会话技巧，如警察在审讯时不问嫌疑犯是否作了案，而直接问"你作案时用的什么工具？"，这样就有可能会降低嫌疑犯的防范意识,从而取得较好的审讯效果。

但在正常交际中,新信息一般都会被标以特别的形式特征以增强其凸显性,这些特别的形式特征被称为焦点标记。我们在本章中把重音、语序变异和焦点标记词等都看作宽泛意义上的焦点表征形式或焦点标记。

5.2.2 重音作为一种基本的焦点表征手段

焦点标记是"高调"凸显新信息的方式,而这个"高调"往往也是名副其实的高调——重音。这一点在心理学及语言学研究中都已经被证实。

国外研究中,Bock & Mazzella(1983)等通过心理学实验发现,在口语中,重音是表达新旧信息的有效方式,重音设置与句子的语义有密切关系。在新信息重读、旧信息不重读的情况下,听者的理解时间会缩短。Terken & Nooteboom(1987)也发现,句子中重音分布与区别新旧信息有直接关系,听话人判断新信息重读、旧信息不重读比较容易,相反判断新信息不重读、旧信息重读的反应时间会延长。Dahan(2002)等采用眼动技术研究了口语语篇理解中重读对名词指称判断解释的影响。研究结果发现,听者趋向于将先前话语中没有出现过的重读名词解释为新信息,将先前话语中出现过的、不在话语焦点的重读名词解释为旧信息。

在国内,王蓓、杨玉芳、王丹、杨玉芳等也从韵律视角用实验手段证明了新信息普遍重读的倾向。在她们的研究中,新信息是"话语中全新的、第一次出现的信息",而旧信息则是"前面提到过的、已经存在于话语中的信息"。王蓓、杨玉芳(2003)采用大规模语料库的方法发现汉语中新信息的重读程度高于旧信息。王丹、杨玉芳(2005)则主要探讨新旧信息和重音之间的关系对口语理解的影响,她们的实验结果显示,重音和信息结构之间的匹配关系在口语理解中有重要作用:在新信息条件下,听者对重读名词的理解时间快于对不重读名词的理解时间;在旧信息条件下,听者对不重读名词的理解时间快于对重读名词的理解时间。听者倾向于将重读名词解释为新信息,将不重读名词解释为旧信息。

语言学领域的研究也表明,焦点标记的几种表现形式中,重音手段是最基本的,其他凸显手段也常常伴随重音,以方梅(1995)的几个关于焦点标记的例示为证:

[4] 老高这事有办法,别的事就未必了。

[5] 是小王叫蛇咬了。

[6] 我们明天在录音棚是用新设备给那片子录主题歌。

按照方梅的解释,例[4]中的焦点"这事"是以语序变异(或叫非常规配位)加重音的方式来凸显的,而例[5]中的焦点"小王"和例[6]中的焦点"用新设备"则都是以标记词"是"加重音来凸显的。

总之，重音是标志新信息为焦点的一种最基本、最普遍的表征形式。虽然焦点凸显的都是新信息，但不是所有的新信息都是焦点，只有那些以特殊手段如重音形式加以凸显的新信息才是焦点。

从以往重音研究文献中关于重音与焦点的关系的看法，我们认为还是有必要就某些问题做一点进一步的梳理工作。本节拟重点讨论的问题是：重音对焦点发挥的到底是实现（realizing）功能还是确定（locating）功能？

Halliday（1967）最早提出了信息单位、信息结构、信息焦点、韵律实现等概念，并认为焦点系统地依赖于信息结构，是在每个信息单位中选择一个或一些元素作为讯息块（message）的凸显点。具有焦点性的信息就是新信息，是说话者认为从上文中不可推导（non-derivable）的信息，包括事实性（factually new）新信息和结构性（structurally new）新信息（如对比性新信息）。而焦点与韵律的关系则是实现（realization）关系，信息单位在语音层面由音调（tonality）实现，更具体地说，信息结构在韵律上通过重音模式（tonicity）实现，焦点通过重音得到凸显。

以 Chomsky 为代表的生成语法学家似乎更关注于探讨重音对焦点的确定作用。Chomsky & Halle（1968）提出了著名的核心重音规则，认为它在确定焦点方面起重要作用，即在没有上下文的情况下，核心重音一般落在句末。

Selkirk，Gussenhoven 等从语义视角探讨了重音对焦点的确定问题，分别提出了扩展性焦点投射原则和限制性焦点投射原则。焦点投射（focus projection）是针对重音渗漏（accent percolation）现象提出的，即一般情况下，人们面对广域焦点内的全部词项，只将重音落在其中的几个甚至一个词项上，那么在解码过程中就必须有一个从单个（或几个）重音到相应焦点范围的"焦点投射"过程。Selkirk（1984,1995）认为焦点投射可以扩展至全句，而 Gussenhoven（1983, 1992）则认为焦点投射限制在论元与谓词所构成的序列内。

分析以上学者的不同观点，我们不难看出，他们之间之所以存在观点上的差异，原因在于各自基于的是不同的视角：编码视角和解码视角。具体来说，Halliday（1967）更强调说话人的视角，因而把焦点看作是说话人意图的反映，即说话人认定的新信息或重要信息。但 Halliday（1967）也指出了话语的语篇规律性，即话语的表达与推进受语篇各个层次上的结构制约。就焦点的确定而言，它受信息结构中已知信息和新信息关系的制约。说话人的主观意图性和话语表达的客观规律共同起作用，成为确定焦点的内在机制，而韵律、特殊句法、标记词语等则是焦点凸显的表征形式。反过来，这些宽泛意义上的焦点标记对于听话人来说，则成了确定说话人焦点的最经济有效的线索。所以不同学者因研究理念和视角的不同而各有侧重、互为补充。

就信息的编码与解码来说，焦点涉及说话人确定和听话人确定两次过程，可表示为：

$$\text{焦点确定}_1 \longrightarrow \text{焦点表征} \longrightarrow \text{焦点确定}_2$$

在这两次过程中，标记手段分别承担表征焦点和确定焦点的功能。我们认为，重音的表征性或标记性功能还是第一性的：先有说话人所做的重音标记，然后听话人才能根据标记确定焦点。张克定（1999）在谈到预设、调核、焦点三者之间的关系时，认为它们"在口头言语交际中，是一种关键→手段→目的的关系，即说话人根据预设这一关键，利用调核这一语音聚焦手段，达到传递重要信息——信息焦点的目的。预设决定调核，调核决定焦点"。王宏军（2009）提出只有在具体语境中才能判断句子的焦点，王宏军所说的语境也与标记手段有关，如"具有标记词的句子，标记词为句子限定语境，标示焦点；而没有标记词的句子在口头上要用重音，在书面中要用下划线或着重号来指明语境，突出焦点"。

5.2.3　焦点标记的冗余性

焦点标记的冗余性体现在它的出现与否并不影响语句的命题信息，它主要的功能是凸显焦点以帮助听话人对焦点加以认定，也即其体现的是关联理论学者所说的程序性编码功能。

冗余的基本意思是"多出最低需要量"，在信息传递中是指有意添加的、担负着传递多余信息功能的多余成分。人类语言是冗余度非常大的交际工具，冗余成分虽然没有命题意义却有语用意义，是一种提高话语信息接受度的必要手段。何星将语言交际中的冗余信息分为结构冗余、语义冗余、语境冗余、副语言特征冗余及韵律特征冗余等五类。（何星，2005）就语序变异、焦点标记词和重音等表征焦点的形式而言，它们出现与否并不影响语句的命题信息，但却有助于命题信息的凸显或情感信息的表达。下面予以简单阐述。

对于语序变异手段的冗余性质，这里还是借用方梅（1995）的几个常规和非常规配位的例子来加以论证更为方便一些。例如：

[7] a. 这事老高有办法。
　　b. 老高这事有办法，（别的事就未必了）。

方梅认为，根据主题句 NP1 ＋ NP2 ＋ VP 的配位规律，即 NP2 的施事性一般应该强于 NP1，[7a] 是常规句，而 [7b] 超越了这个配位原则，句子隐含了对比项。我们认为，不管是 [7a] 中的"这事老高有办法"还是 [7b] 中的"老高这事有办法"，其小句的命题信息"老高对这事有办法"都没有改变。[7b] 中被凸显的焦点改变了，但究其根本，改变焦点的并不是语序变异本身，而是它与 [7a] 不同的语境。其实从"这事"与"别的事"的显性或隐性对比中，新信息基本已经可以确定了，其"语序变化＋重音"的表征形式是具有冗余性质的实现凸显目的的手段。

焦点标记词的情况稍微复杂一些。细分起来，焦点标记词可分为不承载语义的纯粹标记词如"是"和承载一定语用意义的、也被称为预设触发语的焦点敏感算子，如"连"、"就"、"并"、"只"、"都"、"也"、"还"……

由"是"或"是……的"标示焦点的句子如果去掉标记词，其命题意义也不会改变，损失的是强调意义。如：

[8] a. 是小王叫蛇咬了。
　　b. 小王叫蛇咬了。

显然，[8a]和[8b]的命题意义都是"小王被蛇咬"这一事实。

焦点敏感算子主要是表示情感、态度的焦点副词，传递说话人的主观信息，与语句的客观命题信息也并没有直接的关系。如果说语用意义正是冗余成分所承担的主要功能，那么也许可以将焦点副词视作表达说话人主观态度的冗余成分。如：

[9] a. 小明不傻。
　　b. 小明并不傻。

[9a]和[9b]的命题意义都是"小明不傻"，但相对于[9a]的简单声明，[9b]更多的是对由"并"包含的"有人认为小明傻"这一预设所做的反驳，两句的语用意义不一样。

就语音冗余来说，重音往往是超过了听清的最低需要，那多出来的音量就是用来唤起听者特别注意的冗余部分。李晓庆、杨玉芳（2005a，b）在研究重读与信息结构的匹配关系对语篇理解加工的影响时发现，一致性重读确实具有促进信息加工的作用，但只对语篇中单个的词汇加工有明显的促进作用，而对语篇理解的正面促进作用不明显。不过，上下文语境在区分信息的新旧状态中却具有重要作用：即使一致性重读不存在，听者也能根据相关的语境信息准确地理解或解释话语的意义。新信息重读是为新信息唤起一种自下而上的加工方式，即从分析言语声学符号开始进行加工，从而提高接受效率。

重音的冗余性还可以从"声音第一性"这个视角来论证。"言为心之声，书为言之记"，撇开声音符号和文字符号在意义表达方面可能存在的各自特性，仅从口头话语的文字转录方面来说，它们之间可以达到较为完善的符号转换。通常认为，书面语和口头语在焦点凸显上使用不同手段，如口头上用重音，书面上用语序变化或标记词，这种看法值得商榷。事实上，所有的焦点标记都具有口头话语的特性，像焦点标记词"是"、"连"、"也"、"就"、"并"及倒装语序等大量出现在口头话语中；另一方面被认为只在口头话语中出现的重音，从他人书面语篇中也完全可以得到正确复现，比如朗读、新闻播报等就是典型的从无声的文字材料中可以揣摩正确的韵律模式的范例。李晓华（2008）曾就新闻播音的节律特征进行过实证性研究，而本章也通过对央视新闻频道每小时滚动播出的新闻语料进行粗略的语音分析来验证播音韵律模式的规律性。我们以新闻频道2013年3月17日对第十二届全国人民代表大会闭幕式的报道作为事件对象，选取"新闻30分"、"新闻直播间"（13:00、14:00、15:00、16:00、17:00整点新闻）、"共同关注"和"新闻联播"共8个时段的新闻播报，这些新闻报道中关于闭幕式的文字材料基本上是完全一样的，只有"新闻联播"在内容详略方面稍有不同。下面从播音员主持性话语及内容播报两个方面选取文字完全相同的语段做语音分析比较。例[10]是主持人话语，例[11]是会议内容播报。

[10] 中华人民共和国第十二届全国人民代表大会第一次会议在圆满完成各项议程、产生新一届国家机构组成人员后，

今天上午(十七号上午)在人民大会堂闭幕。

国家主席习近平在闭幕会上发表了重要讲话。

[11]（习近平说，）中国共产党是领导和团结全国各族人民建设中国特色社会主义伟大事业的核心力量。

全体共产党员，特别是党的领导干部，要坚定理想信念，

始终把人民放在心中最高的位置，

弘扬党的光荣传统和优良作风，

坚决反对形式主义、官僚主义，

坚决反对享乐主义、奢靡之风，

坚决同一切消极腐败现象做斗争，

永葆共产党人政治本色，

矢志不移为党和人民事业而奋斗。

例[10]在以上8个时段中被4个播音员重复播报了8次，其中在"新闻30分"到"新闻直播间"（13:00、14:00、15:00）中是女播音员文静播报的，在"新闻直播间"（16:00、17:00）中是女播音员海霞播报的，在"共同关注"中是男播音员朱广权播报的，在"新闻联播"中是男播音员康辉播报的。这8次播报中从重音模式到语气、停顿几乎都是一样的。从重音模式来说，"中华"获得强重音频次8次；"第一次"获得强重音频次7次，次强重音频次1次；"圆满"获得强重音频次4次，次强重音频次4次；"各项"获得强重音频次5次，次强重音频次3次；"新一届"获得强重音频次5次，次强重音频次3次；"今天上午"获得强重音频次6次，次强重音频次2次；"国家主席"获得强重音频次4次，次强重音频次3次；"习近平"获得强重音频次8次；"重要"获得强重音频次4次，次强重音频次4次。总之，重读词语基本是相同的，

只是强度有所不同。下面 praat 图 5-1 和图 5-2 可以较为直观地反映这个语段音高模式的比较。

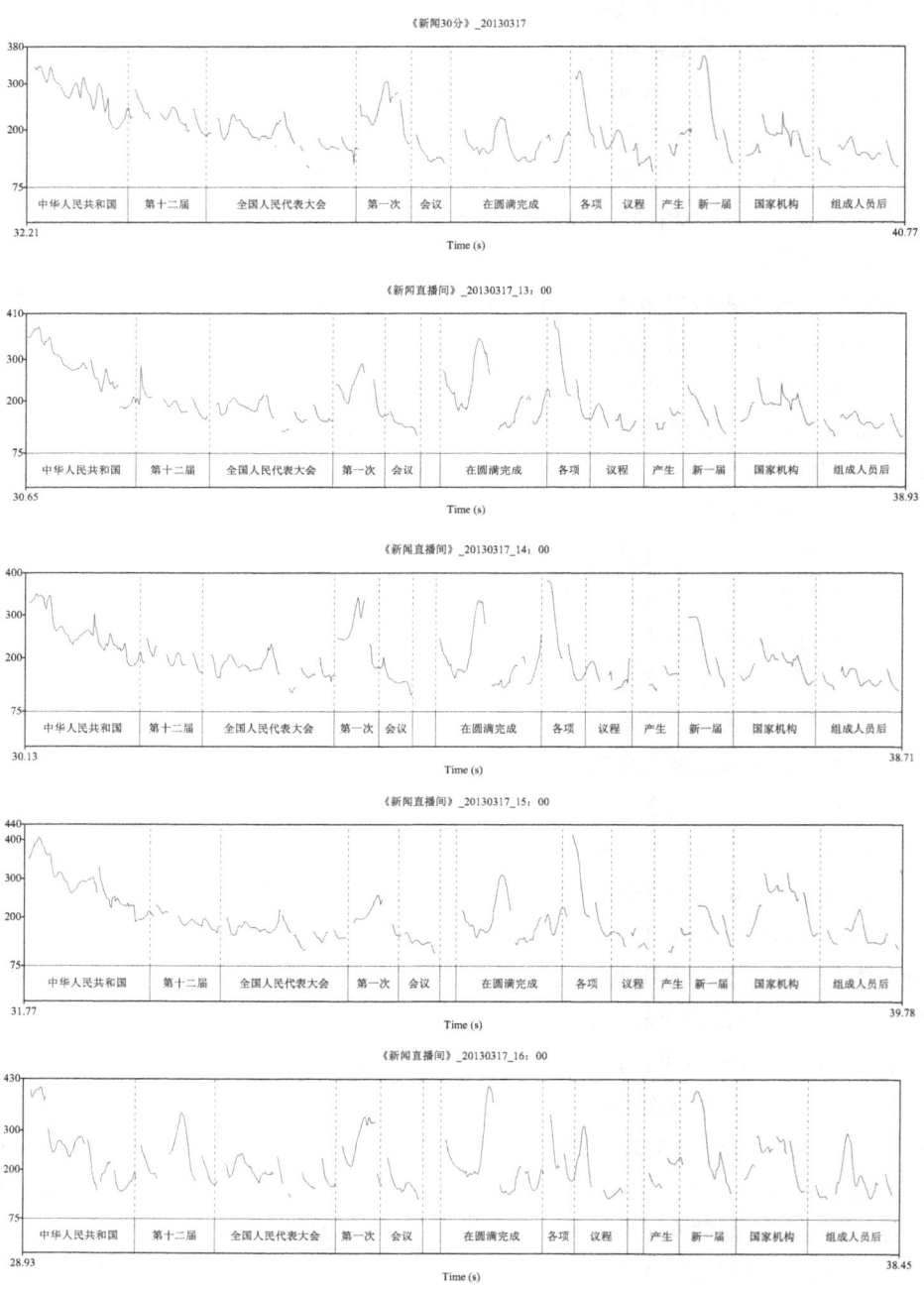

第 5 章　重音性质：表征性与冗余性

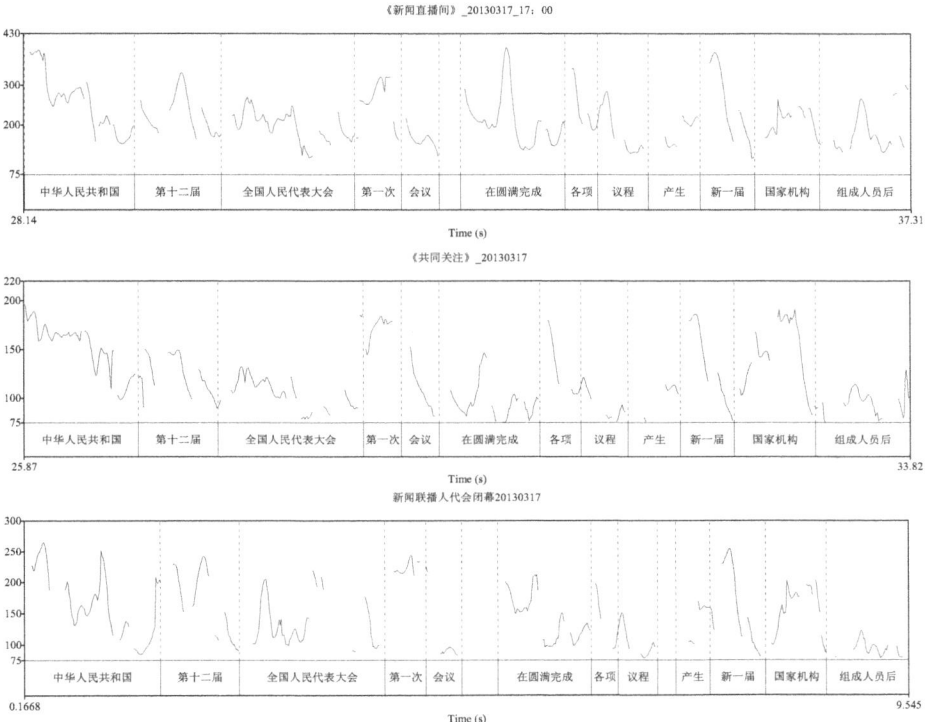

图 5-1　"中华人民共和国第十二届……组成人员后"在 8 个新闻时段中的音高模式比较

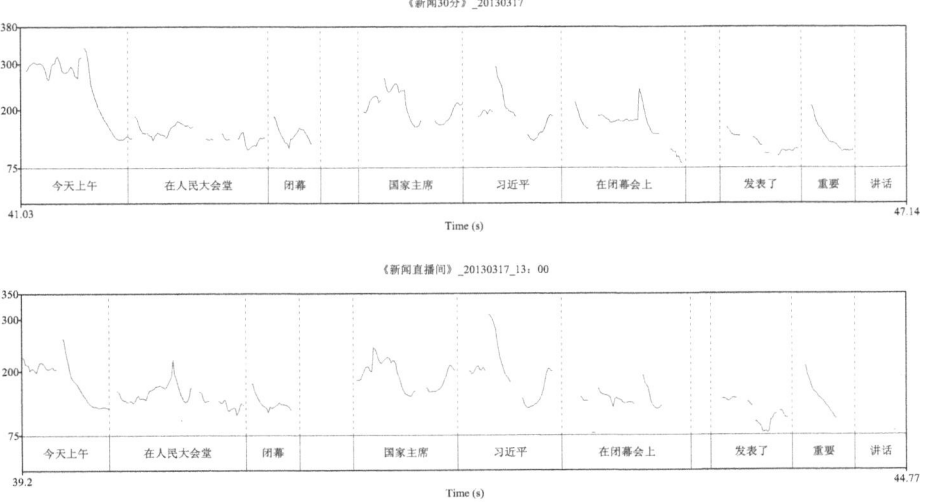

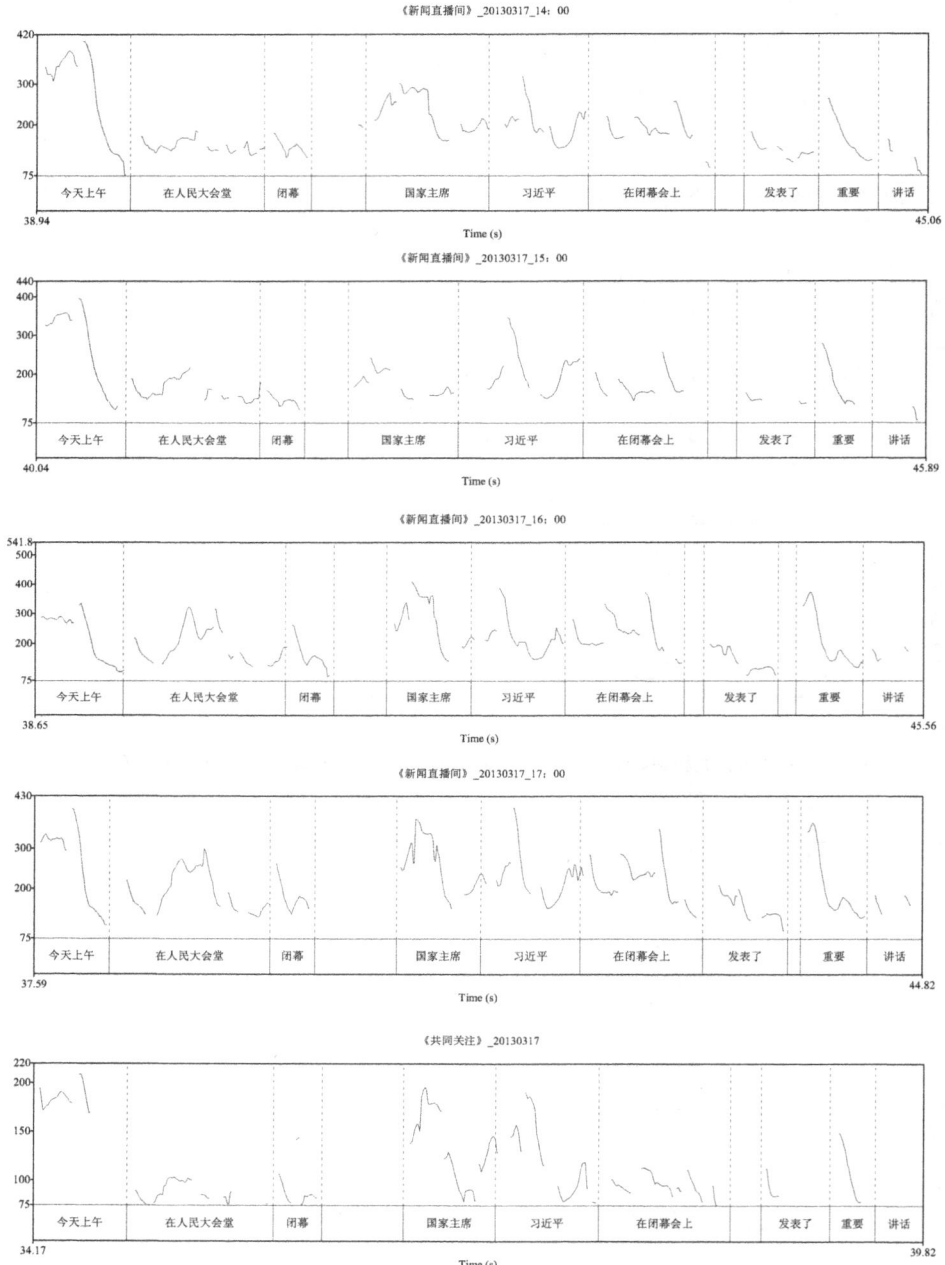

第 5 章 重音性质：表征性与冗余性

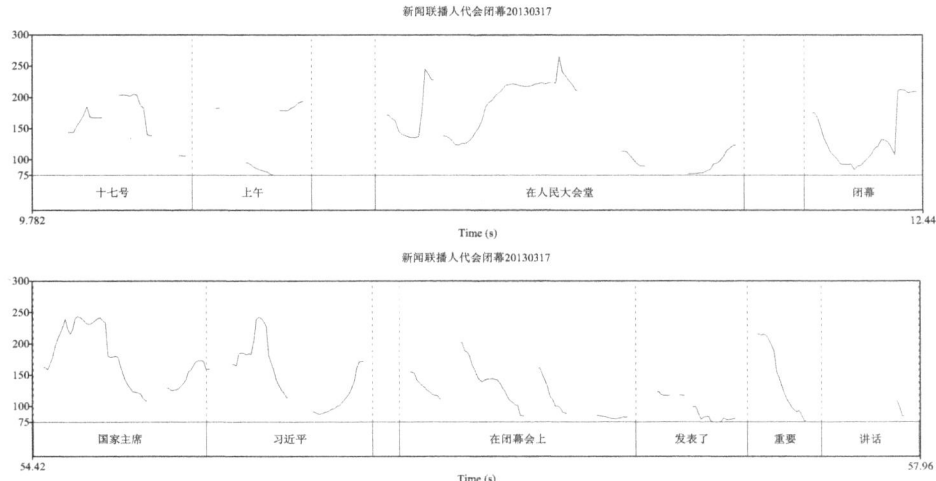

图 5-2 "今天上午……重要讲话" 在 8 个新闻时段中的音高模式比较

例 [11] 是关于会议内容部分，分别由一名男性播音员和一名女播音员播报，这个语段中的韵律模式也基本相同，重音都落在"中国共产党"、"各族（人民）"、"中国特色社会主义"、"核心（力量）"、"全体"、"特别（是）""坚定（理想信念）"、"始终"、"最高" 这些词语上。如下面图 5-3、5-4、5-5 和 5-6 中的对比所示。

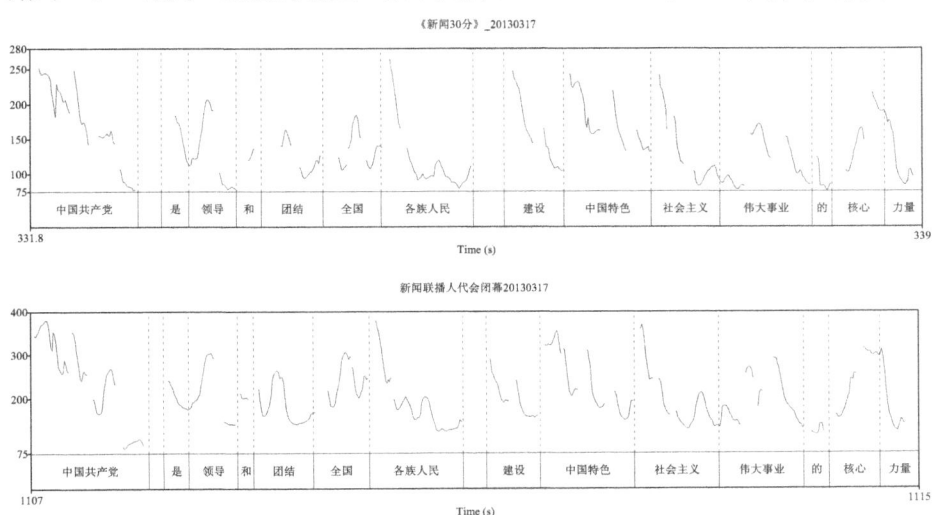

图 5-3 "中国共产党是……核心力量" 在 2 个新闻时段中的音高模式比较

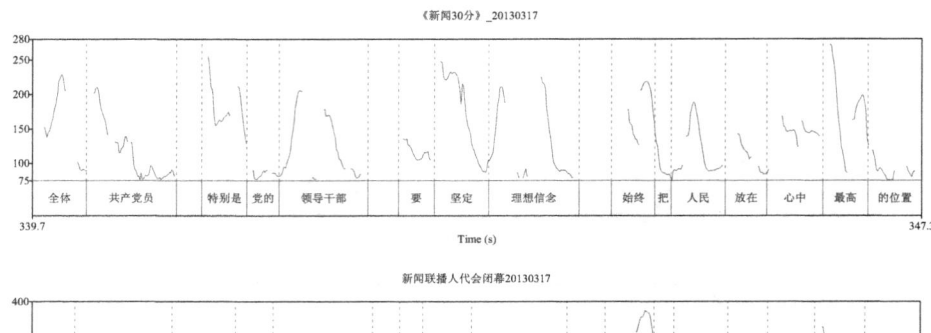

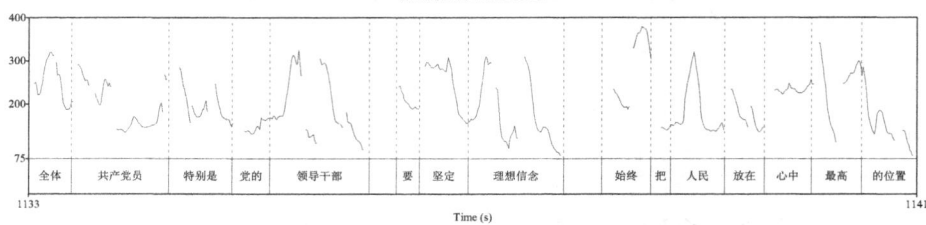

图 5-4 "全体共产党员……最高的位置"在 2 个新闻时段中的音高模式

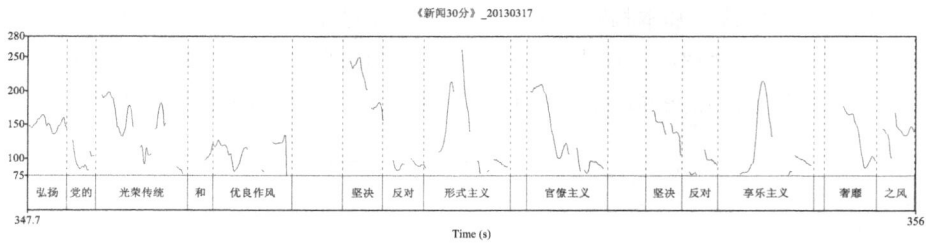

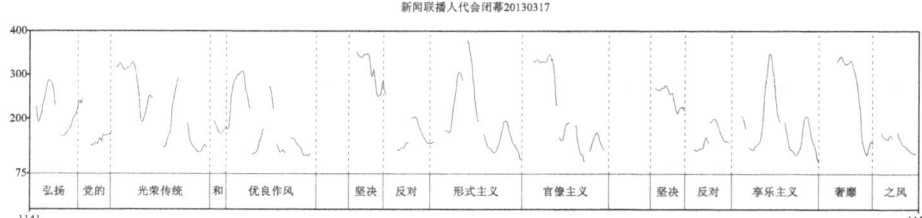

图 5-5 "弘扬党的光荣传统……奢靡之风"在 2 个新闻时段中的音高模式比较

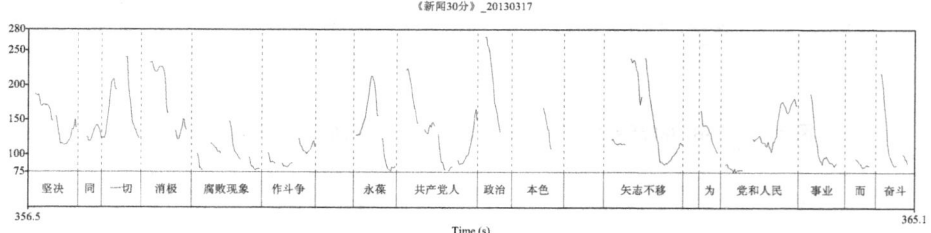

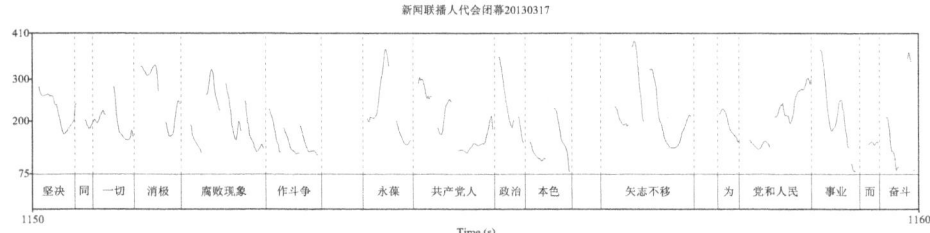

图 5-6 "坚决向一切……为党和人民事业而奋斗"在 2 个新闻时段中的音高模式比较

以上由相同播音员在不同时段及不同播音员在不同时段播报的相同语段在重音模式上基本一致，说明焦点是内在于语篇组织之中的，可以有规律地得到复现，而重音之于焦点则是一种冗余性的凸显手段。

总之，重音的冗余性与说话者的主观性密切相关，重音所凸显的是说话者对客观命题的主观性处分或说话人自身的主观情感和态度等。

5.3 本章小结

本章探讨了作为语言交际中程序性编码手段的重音的表征性和冗余性。重音的表征性是相对于焦点而言的。对于意图、新信息、焦点、重音四者之间的关系，我们认为，说话人意图是最核心的内在决定因素，但意图是一种超语言的思维状态，需要通过语言得到实现，是语句的言外之意。语句的语义结构按照已知信息——新信息的结构方式组织思想，新信息部分最能体现意图，而语句中承载新信息的语言成分如果被说话人有意以重音等表征形式凸显，它就成为焦点，重音等则是外化的表征形式或标记。在焦点的几种标记形式中，重音是最基本、最普遍的一种凸显形式，这一点已被大规模的实证研究所证实。

焦点是说话人意图在语句中的集中表现，充满了主观性色彩。说话人主观性包括对客观命题内容的主观性安排，如对新信息的结构位置、凸显程度等的处分，以及说话人自身的情感、态度的表达，等等。焦点标记所凸显的正是这些主观性因素，语言中与说话人主观性相关的特征被称为冗余性特征。重音的冗余性体现为它超出了听清的最低需要，多出来的音量用来表达说话者的特别用意或情绪，唤起听话人特别注意的冗余部分。重音的冗余性还表现为它只是说话人焦点的外在辅助表征形式，没有它听话人仍然可以通过语篇内在的语义结构理解语篇意义，或者复现书面语篇的重音模式，这一点也被本章对新闻语段的语音分析所证实。

第 6 章 重音程度：焦点信息主观度与语音表征冗余度的相关性

第 5 章探讨了重音与焦点之间表征与被表征的关系及重音符号的冗余性质，本章继续探讨重音的程度问题。通过对所选语料的实证性研究，我们发现，重音程度与焦点信息的主观性程度呈现正相关倾向：主观性越强的信息，其表征手段的冗余度也越高，表现在语音方面就是语音响度或者强度的相对增大。

6.1 节回顾以往研究中关于焦点强度与语音强度关系的探讨，6.2 节以实证方式初步论证焦点信息主观性程度与语音表征冗余程度之间的相关性。

6.1 关于焦点强度与语音强度关系的研究成果及本章研究视角

6.1.1 以往研究成果

有很多学者认为，受信息状态、句法位置、聚焦词汇等多种因素的制约，焦点在同一语句和语篇中有强弱的差别，即焦点在信息强度的大小或者信息负荷量的高低上存在差别。一般来说，有标记焦点要强于无标记焦点；无标记焦点中句末焦点要强于处于其他位置的焦点。徐杰、李英哲（1993）、范开泰（2000）等都对焦点的等级进行了相关研究，如徐杰、李英哲（1993）就排出了焦点选择的优先序列，如下所示：

"是"强调的成分、"就/连/才"强调的成分、数量成分、"把"字宾语、其他修饰成分、中心成分、话题成分

因为焦点在韵律方面体现为重音凸显，后来学者如刘探宙（2008）和莫静清、方梅、杨玉芳（2010）等皆利用语音实验的手段来验证焦点强度与语音强度之间的相关性。

确切地说，这些研究均是以语音的强度来验证焦点的强度。

刘探宙（2008）在多焦点论和焦点等级的基础上，提出了"多重强式焦点共现句式"的概念。他认为，一个句子完全可能会出现信息强度很高的多重强式焦点，只不过这些焦点的强度会有差异：疑问代词强于其他焦点，焦点标记和唯量词引导的焦点要高于其他焦点敏感算子引导的焦点。另外，多重强式焦点共现句中时，由不同句法形式引导的焦点之间也存在强弱差异，焦点标记词和唯量词引导的焦点强度要高于焦点敏感算子。

刘探宙对于以上结论的验证手段就是通过语音实验，语音强度大的，焦点强度也大。例如，针对疑问代词句和主从复杂句中的多重焦点的强度差异规则，他分别以 [1]、[2] 为例进行了语音实验，例句中符号标记按原文所示。

[1] 都<u>谁</u>平常<u>是</u>走路上班？
[2] 邻居家那只<u>连</u>活鱼<u>都</u>不敢吃的猫今天竟然<u>连</u>狗<u>都</u>敢咬。

下面是刘探宙的分析过程和结果：

对于疑问代词句，疑问代词在词库中就带有强焦点特征 [+F]，所以无论哪一种性质的焦点和它共现都不能使它的突出度降低，因为问话人所问问题的答案一定是他最关心的信息。因此如果一个句子中出现了疑问代词，无论它的身份是主次、内外的哪一类焦点，它都是最强式焦点。而从一个发音人的基频分析图看，[1] 中"谁"的音高峰值比"走路"的高；平均时长也长；对比它们不做焦点时的数据，"谁"音域范围变化幅度大于"走路"的变化幅度。听辨感知实验数据也支持这一结果。由此可以得出，疑问代词句多重焦点遵循的强弱规则为：疑问代词＞其他焦点。

而对于主从复杂句而言，主次差别是多重强式焦点的主要特点。说话者通常是把整个从句作为一个预先知道的整体事件来完整陈述的，而主句的焦点才是说话者最想展示的信息，这就造成主焦点比次焦点突出。从所采集的一个男发音人基频数据看，[2] 中"狗"的音高峰值比"活鱼"的高，平均时长也长；对比它们不做焦点时的数据，"狗"音域范围变化幅度大于"活鱼"的相应情况的变化幅度。研究过程中选了 8 个人做听辨感知实验，结果 100% 选择"狗"为最突出强调的信息。可见，主焦点"狗"比次焦点"活鱼"强度高。主从复杂句多重焦点的强弱遵循规则为：主焦点＞次焦点。

总之，刘探宙是以语音的强度来作为验证焦点强度的一个重要手段。

莫静清、方梅、杨玉芳（2010）则以更为专业的方式验证了多重强式焦点共现句中时焦点强度的语音感知差异。她们通过文本标注、语音感知实验并借助对发音人的声学参数的辅助分析三个方面，对汉语中焦点标记词、唯量词和焦点敏感算子等三种引导焦点的句法形式在多重强式焦点共现句中的强弱差异进行了考察和实验检验。

她们的研究预期是：焦点标记词、唯量词引导的焦点强度要高于焦点敏感算子引导的焦点强度；焦点标记词引导的焦点强度要高于唯量词引导的焦点强度。而语音感知听辨实验结果显示，焦点标记词及句式引导焦点强度的语音感知要高于唯量词引导的焦点强度语音感知；唯量词引导的焦点强度语音感知要高于焦点敏感算子的焦点强度语音感知；焦点标记词及句式引导的焦点强度语音感知要高于焦点敏感算子的焦点强度语音感知。男女发音人的语音感知听辨结果一致，符合实验预期。

莫静清等的实验结果支持了刘探宙的观点，而她们对于焦点强度与语音强度的关系的看法也与刘探宙一致，她们认为，"汉语中引导焦点的句法表达手段和语义理解是强式焦点强弱判定的重要方法，语音手段可以补充和促进强式焦点的强弱差异判定，即'句法形式引导＋重读'的途径更能促进焦点强弱的判定"。

6.1.2 本章的研究视角

将语音强度看作是判定焦点强度的一种外在的、辅助性的因素，这与本章中对重音的表征性与冗余性的观点也是一致的。但目前对于焦点强度的判定机制及其在声学上的具体体现都还需要更为深入的研究，况且刘探宙和莫静清等探讨的主要是实验室条件下各类"强式"焦点如焦点标记、焦点算子、唯量词、疑问代词等共现于一句时它们之间的强度差异，所得结论对于真实话语中的重音现象未必适用。以疑问代词来说，本章对于真实话语的实证性研究就不能得出"疑问词在语音强度上总是最高"这样的结论。

刘探宙（2008）认为，"疑问代词在词库中就带有强焦点特征 [+F]，所以无论哪一种性质的焦点和它共现都不能使它的突出度降低……如果一个句子中出现了疑问代词，无论它的身份是主次、内外的哪一类焦点，它都是最强式焦点"。在刘探宙的文中，对焦点强度差异的探讨是以多重强式焦点共现句式为基础而展开的，而多重强式焦点共现句式是指"一个句子中含有两个或两个以上的焦点，而且引导焦点的句法形式都是'是'、'就'、'连'等标记性较强的形式，以至整个句子信息强度很高"。在这样的界定之下，他所举的两个疑问句式事实上并不是一般意义上的疑问句，而是带有一定说话人主观性的问句，例如：

[3] 都<u>谁</u>平常<u>是</u>走路上班？（＝ [1]）

[4] 邻居家那只吃了<u>什么</u>的猫今天竟然<u>连</u>狗<u>都</u>敢咬？

例 [3] 和 [4] 中的"走路上班"和"猫咬狗"的行为在说话人看来都是一种不平

常的行为，所以在追问"谁"和"什么"的时候都会带有一定的主观色彩，疑问词的焦点强度显示最高。但根据我们对法庭审判真实话语的语音分析，疑问词并没有在语音上有明显的突出，可能因为法庭语言强调严肃、客观、理性，没有太多的情感表现，所以与主观性强的疑问句有不一样的表现。下面以本书语料之一"鄢颇被砍案"的审判话语为例做进一步的分析探讨。

鄢颇是一名影视剧导演，2010年6月的一天在北京市朝阳区的一个停车场里被多人持刀砍伤。2011年9月这个案子在北京市朝阳区人民法院开庭审理，庭审视频在北京电视台法制节目中播放。下面是法庭上公诉人对被告人之一的王峥所进行的讯问片段（基本上每句问话都包含特殊疑问词，以下划线标示）：

[5] 公诉人$_1$：被告人王峥，你有<u>什么</u>绰号或者别名吗？

　　王峥$_1$：没有。

　　公诉人$_2$：别的同案是<u>怎么</u>称呼你啊？

　　王峥$_2$：都管我叫二哥。

　　公诉人$_3$：你和梁峻是<u>什么</u>关系？

　　王峥$_3$：好朋友。

　　公诉人$_4$：和被害人鄢颇呢？

　　王峥$_4$：不认识。

　　公诉人$_5$：那你<u>为什么</u>要找人打鄢颇呢？

　　王峥$_5$：因为当时我，就是去年二月份以后，梁峻跟我一块喝酒聊天。因为我的朋友孙东海是为李小冉离的婚，准备跟她结婚的时候，鄢颇把她给抢走了。当时我听着比较生气，所以提议打他一顿。

　　公诉人$_6$：孙东海知道这件事吗？

　　王峥$_6$：不知道。

　　公诉人$_7$：既然孙东海都不知道这件事，这么做对你有<u>什么</u>好处？

　　王峥$_7$：当时没多考虑，就想为朋友出口气。

　　公诉人$_8$：你当时想对鄢颇具体做<u>什么</u>呀？

　　王峥$_8$：当时想打他一顿，因为觉得他挺可气的。

　　公诉人$_9$：打有很多种，<u>怎么</u>打呀？

　　王峥$_9$：拿棍子打一顿，或者拿拳头打一顿。

　　公诉人$_{10}$：当时打人的工具是谁准备的？

　　王峥$_{10}$：我。

　　公诉人$_{11}$：你准备的<u>什么</u>工具啊？

王峥₁₁：有棍子，有刀。

公诉人₁₂：这些刀和棍子是<u>哪</u>来的？

王峥₁₂：有的是买的，有的是随便找的。

公诉人₁₃：买的，在<u>哪</u>买的？

王峥₁₃：外地一市场，我记不太清了。

公诉人₁₄：是<u>谁</u>去买的？

王峥₁₄：是我之前买的，在家搁着呢。

公诉人₁₅：他们几个人之间是<u>怎么</u>分工的？

王峥₁₅：当初，我就说，梁俊让我找人，具体他找人，找人去干这事。打人的人他找。

公诉人₁₆：打人的事，梁峻负责，是吗？

王峥₁₆：对。

公诉人₁₇：那你负责<u>什么</u>？

王峥₁₇：找人，找到这个人。

公诉人₁₈：找<u>什么</u>人啊？

王峥₁₈：找到鄢颐，告诉他在哪。

公诉人₁₉：你们是<u>怎么</u>找鄢颐的呢？

王峥₁₉：我在四环的一加油站碰着他了。

公诉人₂₀：你跟他们说过跟踪找人是要干<u>什么</u>吗？

王峥₂₀：我当时跟他们说是他欠我钱。

在例 [5] 的 20 个话轮中，含有特殊疑问词的问句共有 16 个，包括 7 个 "什么" 问句，1 个 "为什么" 问句，4 个 "怎么" 问句，2 个 "谁" 问句，2 个 "哪儿" 问句。

在这 16 个疑问词中，只有话轮（公诉人 5）和（公诉人 18）中的 "为什么" 和 "什么人" 在音高上比句中其他成分偏高，分别如图 6-1 和图 6-2 所示。

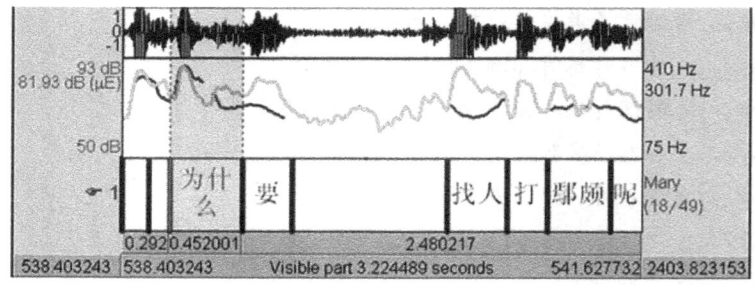

图 6-1　疑问句 "那你为什么要找人打鄢颐呢？" 的 praat 图示

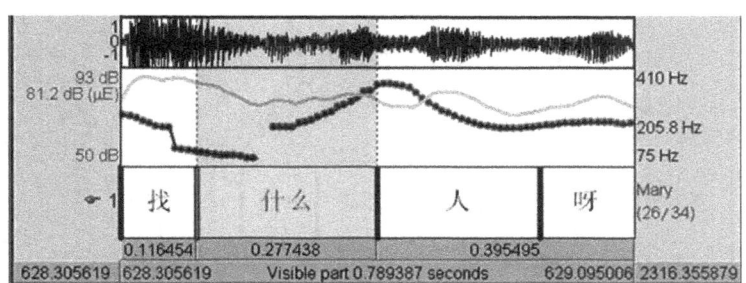

图 6-2 疑问句"找什么人呀?"的 praat 图示

图 6-1 和图 6-2 中的"为什么"和"什么人"在音高、音强和音长上都相对凸显,与它们在语义上的主观性有一定关系。图 6-1 所显示的([5]公诉人 $_5$)并不是一个纯粹讯问客观信息的问句,因为在上一个话轮中,被告人说他与被害人鄢颇并不认识,所以公诉人在问为什么要打一个陌生人的时候,就带有了一定的主观色彩。图 6-2 中"找什么人"([5]公诉人 $_{18}$)是对前一个话轮中被告人所说的"负责找人"的一种追问,有较强的针对性,所以也带有说话人主观性。

其余 14 个疑问词所在的问句相对来说均是更能体现法庭客观、理性立场的一般性疑问句,这些疑问词本身不承载说话人主观性,在音高和音强上与句中其他成分相比反而偏低。下面图 6-3、图 6-4 是关于"什么"的 praat 截图,图 6-5、图 6-6 是关于"怎么"的截图,图 6-7、图 6-8 是关于"哪儿"的截图,图 6-9、图 6-10 是关于"谁"的截图。这些图示在一定程度上能表明不承载主观性的疑问词一般不重读这一明显的倾向。

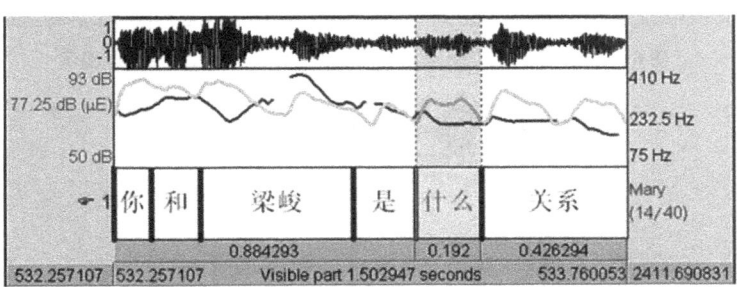

图 6-3 疑问句"你和梁峻是什么关系?"的 praat 图示

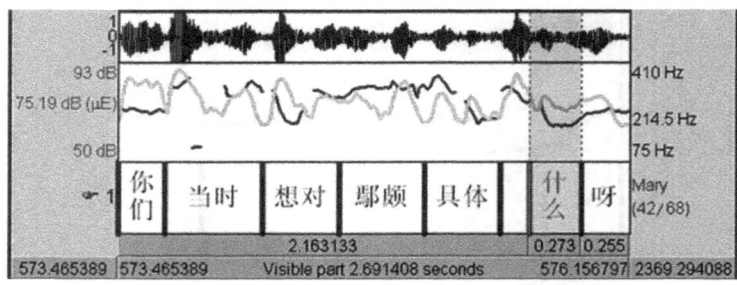

图 6-4 疑问句"你当时想对鄢颇具体做<u>什么</u>呀?"的 praat 图示

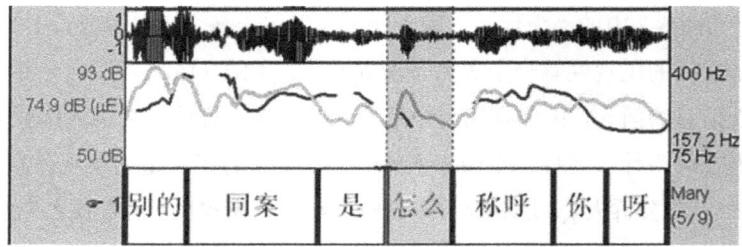

图 6-5 疑问句"别的同案是<u>怎么</u>称呼你呀?"的 praat 图示

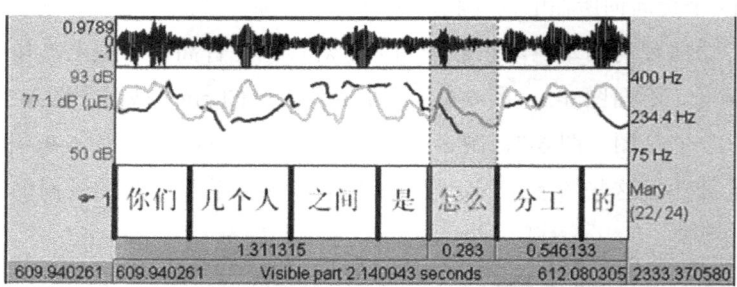

图 6-6 疑问句"他们几个人之间是<u>怎么</u>分工的?"的 praat 图示

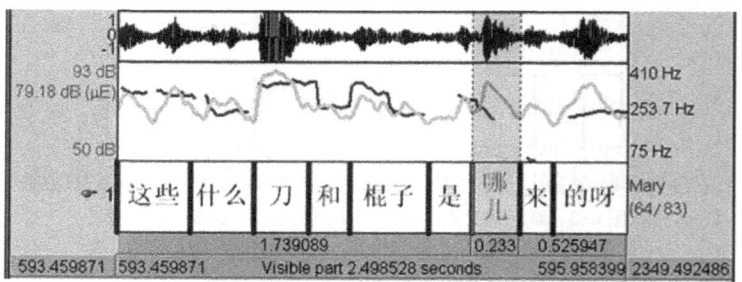

图 6-7 疑问句"这些什么刀和棍子是<u>哪</u>来的呀?"的 praat 图示

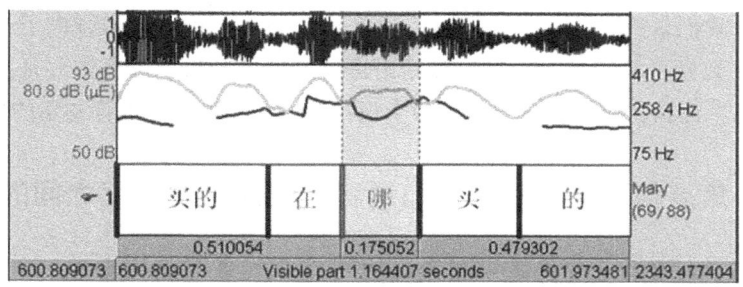

图 6-8 疑问句"买的。在哪买的?"的 praat 图示

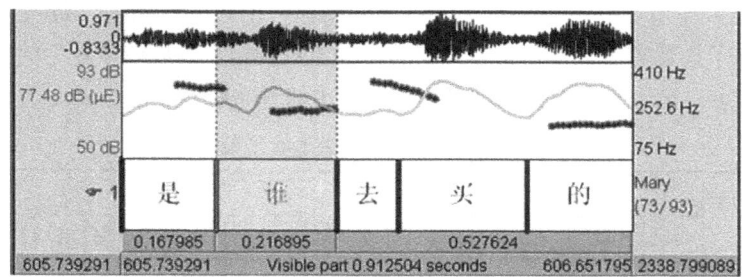

图 6-9 疑问句"是谁去买的?"的 praat 图示

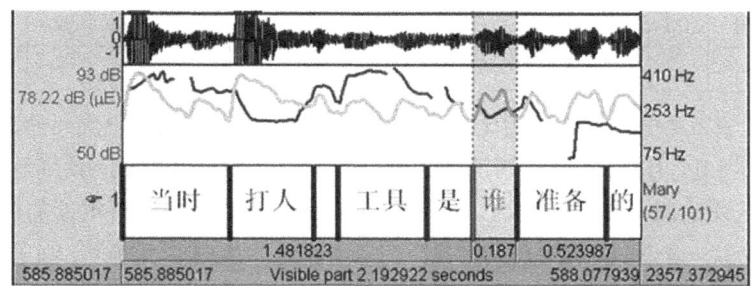

图 6-10 疑问句"当时打人的工具是谁准备的?"的 praat 图示

本章只是立足于一个相对宏观的视角,探讨重音强度与主观性程度之间的关系。因而,以上关于疑问词重音表现的分析基本上都是描述性的,而对于重音强度和焦点强度的关系,或者重音与焦点的深层关系,我们这里暂不做进一步的深究。

在本章中,我们将重音看作是语句焦点的一种最基本的表征手段,而将焦点界定为由意图内在驱动的、具有新信息价值的、被重音外在凸显的语句成分。重音与焦点的关系是表征与被表征的关系,从这个意义上说,本章中的重音词语与焦点词语是同延的(co-extensive)。而本章对"主观性"的界定包括对命题性新信息的主观性凸显和对情感、态度等主观性新信息的强势表达。

总之，我们认为，焦点凸显程度与语音表征的冗余程度基本倾向于一致。为了验证这种一致性，我们有必要对实际话语进行实证性分析。以下主要是基于"异地高考可行吗"语料，从词类及句类这两个视角对这种正相关性进行初步的探讨。

6.2 焦点信息主观性程度与语音表征冗余性程度之间的相关性

6.2.1 从词类角度看焦点信息的主观度及其表征的冗余度

一般来说，名词、代词和动词及起引导作用的介词倾向于在传递命题性新信息方面承担更大作用（以下记作Ⅰ类）；而助动词、形容词、副词、数量词和连词等则更多承担了说话者主观性新信息的表达，如主观判定、态度或"量"的强调等（以下记作Ⅱ类）。表6-1是语料中重音在各词类上的分布统计。

表6-1 重音在词类上的分布

重音	词类	Ⅰ类					Ⅱ类					合计
		名词	代词	动词	介词	小计	助动词	形容词	副词	数量词	连词	小计	
重音	数量	386	194	283	41	904	118	146	324	72	168	828	1 732
	百分比					52.2%						47.8%	100%
强重音	数量	137	71	106	5	319	48	52	125	34	60	319	638
	百分比					50%						50%	100%

在以上表6-1中，与Ⅰ类相比，Ⅱ类除了形容词外，其语义更虚一些，主观性也相对更强。当然，Ⅱ类词语在语篇构成中所占绝对比例要小于名词、动词等Ⅰ类词语，但两者在重读比例上却大致相当。此外，在强重音上，Ⅱ类词语重读的比重还略有上升，为50%。这说明，相对而言，Ⅱ类词语接受重读的概率要高于、强于Ⅰ类词语。为了便于说明问题，下面尝试就几类词中较为典型的重音词语的重读概率做更为具体的分析。

先看Ⅰ类词语的情况。由于名词、动词、代词等基数较大，我们选择了较为核心的词语如"高考"、"异地高考"、"学籍"、"户籍"、"机会"、"（不）公平"、"放开"等进行统计。

这些词共出现218次，重读77次，重读率35.3%，强重读率为10.6%。其中"学籍"的出现频次最多，为70次，重读率29%；而"机会"的重读率及强重读率是最高的，分别为44.4%和27.8%。下面以"学籍"为例做进一步的说明。（以下例句中用斜体标示所探讨的Ⅰ类、Ⅱ类相关词语。）

[6]主持人：保印，我想问你，你说的这一切的一切都可以通过改革*学籍*来

达到目标吗？

曹保印：学籍仅仅是一个开始。

我要告诉对方什么叫作学籍。

学籍，学籍，就是他连续上学的一个记录，这才叫真正的学籍。

如果你说，你的学籍必须要和你的户籍挂钩起来，才叫学籍，这叫学籍吗？

在例 [6] 中，"学籍"出现 9 次，重读 3 次，重读率为 33.3%，强重读率为 11.1%，这些数据与上述所选择的核心词语的平均数基本相当。

相比之下，主观意义更强的Ⅱ类词语的重读概率及强重读概率都相对更高一些。比如，表示可能、必要、意愿等意义的助动词的重读率约为 43%。如"（不）应该"出现 19 次，重读 9 次，重读率为 47%；"（不）愿意"出现 15 次，重读 12 次，重读率为 80%；"（不）能"、"（不）可能"、"只能"出现 68 次，重读 29 次，重读率为 43%。例如：

[7] 因为我们这个只要在这儿上学，我们就**可以**给他建立学籍。

是现在是说我们**不肯**给他建学籍。（正方嘉宾郭元婕）

[8] 大学毕业呢我分回到了北京。

但是我**真**的**不愿意**来，我**二十**多岁了我都不愿意离开父母，我**没出息**。

因为我**不愿意**和父母分得太远。

但是我父亲对我说了一句话，他说你一定要去，

你不能只为你想，你应该为你的孩子想。（反方嘉宾朱煦）

以上两例中助动词如"可以"、"不肯"、"不愿意"、"不能"、"应该"等共出现 8 次，重读 6 次，强重读 3 次，重读率为 75%，强重读率为 37.5%，均高于Ⅰ类词语的重读率。

对程度的强调是主观性的一种重要体现，而"量"是显示程度的一种重要方式。对量的表达有精确量和模糊量的表达，前者如含有数字的数量词，后者如副词、形容词等。就语料中的副词来说，它们的重读概率约为 65%。有些强化语气的词语强化词（intensifier）的重读率及强重读率都很高。如"更"共出现 26 次，重读 23 次，重读率为 88%，强重读率为 69%；"最"出现 17 次，重读 16 次，重读率为 94%，强重读率为 59%。例如：

[9] 我们高考移民以后会有**更**多的人，他们会**更**加悲惨。他们面临**更**大的就业。（反方嘉宾王海涛）

[10] 这就是我们今天要辩论的**最**关键的话题。（主持人王凯）

数量词的语音冗余度也很高。因为在不以数据统计为目的的语篇中，数量信息往往不是直接要传递的信息，而是要通过客观数据来强调量的大小，传递的也是一

种主观性意图。例如：

[11] 全国随迁子女 2 700 万，全国留守儿童 5 800 万，**两者**相加就是**上亿**的人口。
上亿的孩子背后是上亿个家庭，**上亿**个家庭足以影响一个社会的和谐。
（正方嘉宾曹保印）

[12] 它一定要瞄着一个事情，就是录取率高。
北京的录取率很明显，**80%**的录取率，
其他的地方 50%、60%。 （反方嘉宾朱煦）

[13] 我在清华大学的总裁班里曾经做过一个统计，
60 个人的班里，有 **10** 几个老总。
他们的孩子，全在北京**最**优秀的学校里，
他们的孩子都是上**百万**能够拿过来的。
您干得过吗？ （反方嘉宾 丁兆林）

以上例 [11]、[12]、[13] 三例中，数量词出现 16 次，重读 12 次，重读率为 75%，强重读率为 33.3%。

另外，凸显语句间时序关系的关联性序数词，其重读率也很高，如"第一、第二……"在语料中共出现 13 次，重读率为 100%，强重读率为 54%。

在我们所统计的语料中，复句中关联词语的重读率为 69%。关联词重读也与说话者的主观性相关，因为关联词表示语句间的逻辑语义关系，而这种逻辑关系是说话者认定并予以强调的。例如：

[14] 现在已经有了一个在我们国家经济发展转型期的一个矛盾出现了。
所以，我是很**赞**成就是说把异地高考放开。
但是也是要逐步地放开。 （正方嘉宾郭元婕）

[15] **如果**在北京连续三年以上的或者连续四年以上的，它就放开的情况下，
我相信会**大**批量地聚集。 （反方嘉宾王海涛）

[16] **只要**对孩子的前程好，他们**都**愿意去做。（反方嘉宾王海涛）

在以上例子中，起关联作用的"所以"、"但是"、"如果"、"只要"都是强重读。在整个语篇中，"如果"出现 51 次，重读 39 次，重读率为 76.47%，强重读率为 49%；"只要"出现 15 次，重读 13 次，重读率为 86.7%，强重读率为 46.7%。"所以"也出现了 15 次，重读 13 次。按照邢福义（2001）的观点，"如果"、"所以"和"只要"都是广义因果类的关联词，它们的高重读率体现了说话人对于后果或可能后果的一种较为强烈的主观态度。

总之，词类的语音冗余度与词类所能表达的主观性程度有一定的正相关性。

6.2.2 从句类的角度看焦点信息的主观度及其表征的冗余度

句子按语气主要分为陈述、疑问、祈使、感叹四种类型，这四种句类所传递信息的主观度与它们在语音层面的冗余度也有一定的正相关性。不过，在讨论这个问题之前，我们有必要对本章中的句子分类标准做一些界定工作，因为从现有文献来看，学术界在这个问题上还存在分歧。

以感叹句为例。徐杰（1987）认为感叹句同其他三类句子不在同一平面上，所有的句子都同时具有"表情"和"达意"的功能，从这两个视角他将句子分为强感陈述句、弱感陈述句、强感疑问句、弱感疑问句、强感祈使句和弱感祈使句六类。吕明臣（1998）也认为交际中的语句都表现情感，区别可能表现在形式、程度、指向性上，只有那些完成自我指向的情感表达才是感叹句，如下雪天喊"好大的雪！"。而陈虎（2007）对于感叹句的判定标准主要依靠语法标记手段，如副词、指代词、句末语气词、叹词、叹语、重复、倒装、特殊句式等。"你对我太好了！"在陈虎的文章中是感叹句，而在徐杰和吕明臣看来可能就是强感陈述句。我们认为，学者们的分歧主要是在术语的精确界定上，他们的共同点在于都认同句子间在表情达意上是有形式和程度上的区别的。

本章借鉴 Halliday 和吕明臣的一些观点，将陈述句和疑问句作为信息交流的基本句类，而将祈使句和感叹句都看作是基于基本句类的相应变异。Halliday（1994）认为，说话行为实质上是一种互动行为，疑问是对信息的索取，陈述是对信息的提供，而祈使则是对商品和服务（goods-&-services）的要求，与祈使对应的是提供（offer）。在信息交换中句子的语义功能是一个命题（proposition），而在商品和服务交换中句子的语义功能则是一个提议（proposal）。吕明臣（2000）对于陈述句和疑问句的看法是，从应对句功能的视角来看，这二者是共同承担一种功能的同类句。

综合上述观点，我们认为，疑问和陈述构成言语交际中最基本的"问—答"语对结构，在这些基本功能之上附上说话人的语用目的和感情色彩，就导致了丰富多样的功能变异句。如陈述句加重语气就可以变成主要是宣泄情感的感叹句；疑问句加重语气就可以由索取信息的功能转变为具有确定或提供信息功能的反问句；祈使句的提议语义功能是对问答句命题语义功能的一种延伸和强化，增加了说话者的主观性，所以在语气上也有所强化，如命令式祈使句对陈述语气中主语形式的省略和语音的增强，或请求式祈使句对陈述或疑问句形式上请求功能的添加，等等。

总之，陈述句和疑问句最基本、最典型的功能是交流命题性信息，随着各种主观性、情感性信息的增加，这两种句类在形式和功能上发生各种变异，主观性越强的，表征形式的冗余度也相应增强。

下面以节目中一位学生家长的发言片段作为例证加以简单的分析说明:
[17]a.我们是支持异地高考,
   b.但是**反对**高考移民的投机行为。
   c.那么用什么来解决呢?
   d.就是用这个学籍的连续性和**父母**工作地这个双重认定。
   e.**第二个问题**, 您讲的
   f.如果说是我的孩子在河南的话,会不会让他在河南考试?
   g.我相信我**一定会**。
   h.因为他从小长大,他跟着我是最阳光的,他是**最**优秀的。
   i.那么, 实际上,您说的是一个教育洼地的问题。
   j.**教育洼地**,在北京、上海,存在着严重的教育洼地现象,**这**就是一种不公平。
   k.那么我们**如果**把这个洼地填平以后, 还会有这种流动吗?
   l.**填平**这个教育洼地难道不是一种**教育的进步**吗?

这段话中的语句可以分为以下五种情况:①句首起元话语功能的成分, 如"那么"、"第二个问题"、"您讲的"、"因为"、"但是"等。②陈述基本观点的语句如[17a]、[17b]、[17d]、[17i]。③带有强化词的语句如[17g]、[17h]、[17j];④具有一般性疑问功能的句子如[17c]、[17f]。⑤具有反问功能的语句如[17k]、[17l]。表 6-2 是这段话语的一些相关语音数据。

表 6-2 语句的语音数据

			平均音高 (赫兹)	平均音强 (分贝)	平均时长 (秒/字)
元话语		那么,您讲的,……	213.6	64.01	0.14
陈述	基本陈述	a b d i	154.4	62.87	0.20
	强感陈述	g h j	172.3	63.04	0.204
疑问	基本疑问	c f	149.75	63.51	0.153
	反问	k l	214.85	63.52	0.175

元话语是说话者组织语篇的话语,具有较强的主观性。上段话语中元话语的平均音高和音强都较高,但时长却较短,可能因为元话语都是一些常用关联性词语,识别度较高,发音时相对较快。带强化词的陈述句比一般性陈述句在音高、音强及音长上都相对较高。同样,主观性更强的反问句比一般性疑问句的语音冗余度也更大一些。

主观性更强的语句中，重音词语的绝对值也更高一些。从 praat 图示可以比较直观地看出语句主观度与语音冗余度之间的正相关倾向。图 6-11 和图 6-12 分别显示基本陈述句和强感陈述句的语音线条。图 6-11 中"我们"、"支持"、"异地"、"但是"、"反对"是重音词语，它们在音高线上最大值在 240 赫兹左右，音强最高值在 73 分贝。而图 6-12 的强化陈述句中，像"一定"、"因为"、"跟着"、"最"等重音词语的音高线最高值达到 320 赫兹，音强最高值在 74 分贝。

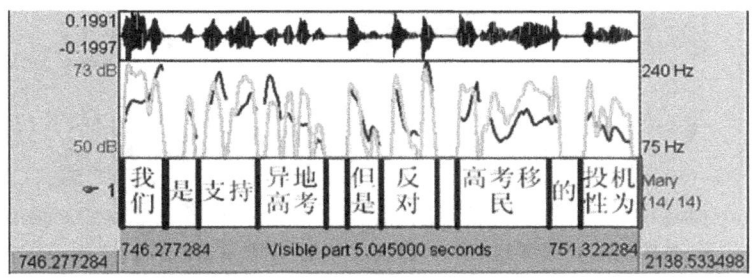

图 6-11　基本陈述句"我们是支持异地高考，……"praat 图示

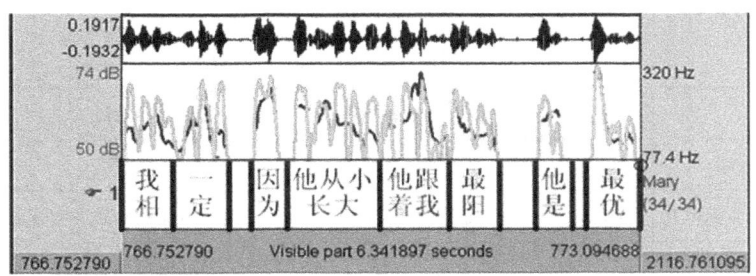

图 6-12　强感陈述句"我相信我一定会，……，他是最优秀的！"praat 图示

同样，在分别显示设问句和反问句语音线条的图 6-13 和图 6-14 中，重音词语的音高、音强在绝对值上也有较大差别。图 6-13 中的"用什么"的最高音高和音强为 200 赫兹、67 分贝，而图 6-14 中的"填平"的最高值则是 340 赫兹和 73 分贝。设问句是说话人替代听话人提出问题，基本上表达的还是一般性疑问功能，主观性的强度要小于逻辑上语义确信的反问句。所以图 6-13 和图 6-14 也呈现了主观性强弱与语音冗余度大小之间的正相关倾向。

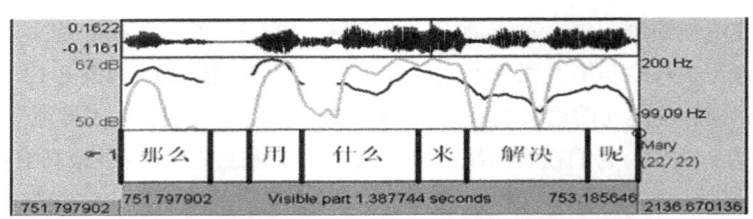

图 6-13 基本疑问句"那么用什么来解决呢？"praat 图示

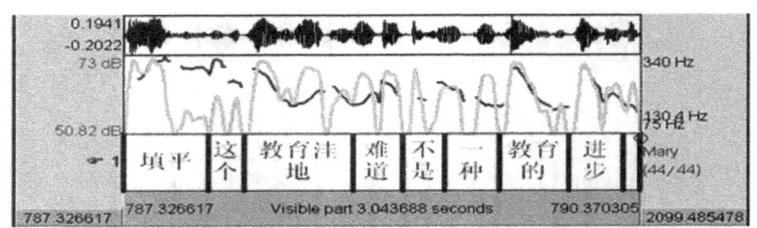

图 6-14 强感疑问句"填平这个教育洼地难道不是一种教育的进步吗？"Praat"图示

从陈虎（2007）对陈述、疑问和感叹语调的描述来看，也存在同样的倾向。表 6-3 是他的研究总结。

表 6-3 陈述、疑问、感叹语调对比

	调阶	调域	重音	调尾
陈述语调	低	一般	正常	低
疑问语调（非标记）	通常较高	一般	正常	较高（与重音无关）且通常伴随调形上倾
感叹语调	有高有低	通常较宽	强	通常较低；较高时带调尾强重音且调形不上倾

（说明：调阶是指全句音域下限，调域是指音域上、下限之差，调尾的高低是指升降调。）

就发音的经济性来说，调阶越高、调域越宽、重音越强、调尾越高的，相对越费力或者说冗余度越高一些。如果不考虑具体语境中涉及交际双方主观性的各种因素，那么疑问句相对于陈述句来说，调阶和调尾升高，冗余度更高。这是因为疑问承担的是索求信息的功能，有求于人，所以发音上要多付出一点努力。Alan（1997）认为，从升降调的功能来说，降调（fall）是以说话者为中心的（speaker-centered），对传递的信息具有确定性和最终性（certainty and finality），而升调（rise）是以听话者为中心的（hearer-centered），主要在说话人不具信息掌控性的时候使用。感叹句的主观性最强，在调阶、调域和重音方面的冗余度也相对更高一些。

6.3 本章小结

本章第一部分回顾了以往研究中有关重音强度的探讨，这些研究主要是将重音作为验证焦点强度的一种物化手段，即以语音的强度来验证焦点的强度。从事这方面研究的刘探宙、莫静清等的基本观点是：汉语中引导焦点的句法表达手段和语义理解是强式焦点强弱判定的重要方法，语音手段可以补充和促进强式焦点的强弱差异判定，即"句法形式引导＋重读"的途径更能促进焦点强弱的判定。

本章第二部分是我们基于真实话语的重音现象对重音程度与说话人主观性的关系的研究。通过对法庭话语中疑问词的重音现象的描述，我们发现，疑问焦点与疑问词重音之间并没有很整齐的对应关系，这些一定程度上表明了重音与焦点之间存在比较复杂的深层关系，或者说我们对于焦点的界定及其在声学上的相应体现还需要更为深入的研究。本节没有去深究重音与焦点之间复杂的深层关系，而是基于第 5 章中关于重音性质的观点，将重音看作是语句焦点的一种最基本的表征手段，而将焦点界定为由意图内在驱动的、具有新信息价值的、被重音外在凸显的语句成分。重音与焦点的关系是表征与被表征的关系。我们立足于一个相对宏观的视角，探讨重音强度与主观性程度之间的关系。通过对电视谈话节目的重音实证分析，我们发现，那些更多承载说话人主观性的词类和句类在重读概率和重读强度上也倾向于更高，即在语音上更具冗余性。从词类来说，助动词、形容词、副词、数量词和连词等更多承担了说话者主观性新信息的表达，如主观判定、态度或"量"的强调等，它们的重读概率和重读强度要远高于更倾向于在传递命题性新信息方面承担更大作用的名词、代词和动词及起引导作用的介词等。 从句类来说，主观性越强的句类或句类成分也表现出语音冗余度越高的倾向。比如，带强化词的陈述句比一般性陈述句在音高、音强及音长上都相对更高；而主观性更强的反问句比一般性疑问句的语音冗余度也更大一些。而且主观性更强的语句中，重音词语的绝对值也更高一些。总之，研究结果显示，焦点信息的主观性程度与语音表征冗余度之间呈现正相关倾向。

第7章 重音凸显方式：
对比作为重音词语凸显的基本方式

前面几章分别探讨了重音的分布、功能、性质及程度等方面的问题，本章着重讨论重音词语的凸显方式。鉴于本书是在宏观语用学视角下探讨重音问题，所以关于重音的程度及凸显方式，我们并不是从声学特征进行探讨，而是从语义视角来考虑的。我们在第6章已申明，在本书中，重音被视为语句焦点的一种最基本的表征手段，重音词语与焦点词语是同延的。

本章的基本观点是，所有的焦点词语或重音词语都是具有对比性的，只是与之对比的词语有显性或隐性之分。7.1节主要探讨焦点的对比性，7.2节基于焦点的对比性延伸来解读实际话语中重音词语的对比性。

7.1 焦点的凸显性与对比性

我们在5.1节讨论过焦点的概念及其所反映的新信息类型，基本结论是：

1）焦点是一种在主观意图操纵下以一定的聚焦方式获得凸显的信息，主观性和凸显性是焦点的根本特性。

2）焦点所反映的信息既有与命题直接相关的客观意义上的新信息，也有反映说话人主观态度的新信息，总之是说话人在特定语境中根据其对听话人的认知情况所做的评估，通过话语的命题意义或非命题意义对听话人的知识储备所做的贡献。

在本节中，我们拟基于焦点的主观性和凸显性探讨焦点的对比性问题。

7.1.1 信息"线"性建构中焦点的"点"性凸显功能

Halliday（1967）将焦点这个光学概念引入语言学领域，旨在用它指称语句信息单位中反映新信息且在韵律上凸显的部分，因为焦点是存在于信息单位之中的。

Halliday 认为，信息是个语篇模式，任何口语篇章都是由"信息单位"组成的。说话者将讯息（message）分解成讯息块，按照一定的结构模式组成信息单位，交际中以信息单位作为一个话语单位来进行编码，一系列这样的单位就构成了篇章。信息单位由已知信息和新信息两个功能成分构成，在无标记情况下，信息单位与小句相映合，两个不同状态的功能成分也按照已知信息到新信息的结构顺序得以线性地组合起来。（Halliday 1967）这是符合听话人心理认知过程的最合理的信息处理结构方式。这种线性建构是话语信息的动态组织方式，可从信息单位内延伸到信息单位间，即通过语篇主题推进模式使新、旧信息不断转换，从而使语篇意义逐步展开。信息结构的顺序性和动态性使得其线性建构具有可持续性特征，产生语篇推进的内在机制。

信息在组织上具有语篇模式，表现出线性延展的特征；而传递过程中则呈抑扬起伏的波浪线形，即已知信息与新信息有不同的呈现强度。新信息因其交际价值相对较大而呈现强度也更强，被称为"焦点"。焦点依赖于信息结构，是每个信息单元内被选择作为凸显点的一个或一些元素，被凸显的部分反映了说话者认定的话语的重点部分。尽管对于一个信息单元内焦点的数量有不同看法，但相对于非焦点成分，焦点成分的凸显性和它的局部性特征则是确定的。从语篇视角看信息单元间的线性延展，就可以看出这种延展是呈波澜起伏状的。一般来说，新信息或所谓的重要信息会出现在波浪线型的高点位置上，而低点位置就是已知或可推测的信息。以信息单元的语篇建构功能为横轴、信息的呈现强度为竖轴，可以建立语篇信息推进图，如下所示：

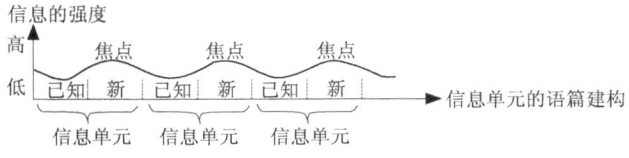

图 7-1　语篇信息推进图

图 7-1 展示的是一个简单的图式关系，旨在形象揭示信息在语篇建构维度上的线性延展特征，以及强度维度上的点性凸显特征。焦点是动态信息流中强度维度上的一种表现，属于语用层面，是说话人认定的并通过一定手段来体现的话语表达重点。一方面它与新信息相对应，依赖于信息结构，但并不是信息结构的一部分。只有当新信息被着意强调时，它才是焦点，所以焦点的语用性质主要体现为说话者的主观意图性，因而只有在表达中才会有所谓的焦点。

7.1.2 焦点的对比性

焦点是被凸显的信息。凸显，形式上突出并显眼，是个相对性概念；凸显是以对比为前提的，即突出之物总是在与其他事物相对比的情况下才显示其突出性。对比是表明对立现象的，是把对立的意思或事物、或把事物的不同方面并置比较，以显示或强调差别，也叫对照、相关或反差。我们认为，焦点的对比性体现在组合和聚合两个层面。

组合层面上的对比性是指信息结构中已知信息与新信息在强度维度上的对比，体现为在表达层面上新信息作为焦点与已知信息作为预设的结构性对比。在这种"焦点—预设"的结构性对比中，焦点获得表达强度上的相对凸显性，这是所有焦点的共性特征。这一点在本书 5.2 节"重音作为焦点表征手段的普遍性以及焦点表征形式的冗余性"已有所论及。

焦点和预设除了横向的结构性对比关系，还有纵向的对比关系，即焦点与句外相对应的焦点集（focus set）之中的元素在聚合层面上的取舍关系。不同于组合层面的强度对比性，聚合层面的对比性是选择或确认性质的。

下面先对焦点集概念以及焦点分类等问题做一些预先的交代，而后再就相关问题展开一定深度的分析。

7.1.2.1 焦点集

焦点集是本章综合已有相关术语并在充分考虑到焦点与预设在聚合层面上的对比取舍关系之后确定的一个术语，表示与句子实际焦点相对应的潜在的焦点元素所构成的集合。已有的术语如：袁毓林（2006）的焦点域（focus domain）、Erteschik-Shir（2007）的对比集（contrast set）等。

袁毓林用"焦点域"来表示与焦点有潜在交替性的成分的集合，而这些交替成分"肯定是句外的某个话语成分（上文提及的，或语境中实际存在的），或背景知识中的认知成分（说话人和听话人双方心目中认可的）"；Erteschik-Shir 用对比集表示语境限定的（contextually-specified, contextually-constrained）集合。（Erteschik-Shir, 2007: 48-51）为避免聚合层面有取舍关系的焦点域与组合层面表示焦点范围的焦点域相混淆，本章将前者称为焦点集或对比集，表明它是句外的那些与句中焦点相对应或相对照的有预设性质的成分或要素域。

7.1.2.2 焦点分类

不同学者从不同的视角，依照不同的标准，提出了不同的焦点分类体系。Rochemont（1986）从信息的角度将焦点分为呈现型（presentational）和对比型（contrastive）两类：前者指由新信息充当的焦点，即语义焦点或信息焦点；后者则既有呈现性，又有对比性。Lambrecht（1994）根据焦点所实现的句法单位的大小将焦点分为窄焦点和宽焦点两类。窄焦点是句子中的某一个单一成分做焦点；宽焦点又分为句焦点和谓语焦点，句焦点是整个句子都用来表达焦点，谓语焦点是句子的谓语部分表达焦点。Gundel（1999）立足于焦点的功能区分了焦点的三种类型：心理焦点、语义焦点和对比焦点。心理焦点是听说双方目前注意力的集中点。语义焦点是用来陈述话题的新信息，是句子中用来回答显性或隐性的特殊疑问句的部分。对比焦点是说话人出于以下几个原因而特意强调的句子中的某个部分：①说话人觉得听话人的注意力可能不在某个事物上；②话题的转换；③某个成分与别的成分处在显性或隐性的对比之中。

徐烈炯、刘丹青（1998）根据焦点与背景的位置关系，即句内背景与话语背景两种情况，以 [+ 突出]、[+ 对比] 为两个参项，提出了自然焦点（[+ 突出]、[– 对比]）、对比焦点（[+ 突出]、[+ 对比]）和话题焦点（[– 突出]、[+ 对比]）的三分法。徐烈炯（2001）还将句子中与焦点敏感算子关联的成分界定为语义焦点，但不同于 Gundel 对语义焦点的界定。

以上对焦点的分类基本包括两大点：命题性焦点与非命题性焦点。命题性焦点又分以呈现型方式强调命题新信息的所谓"自然焦点"或"常规焦点"和以对比方式强调命题新信息的"对比焦点"。而非命题性焦点则是呈现强烈主观意义的焦点，主要由焦点敏感算子或其他含有丰富联想意义的语言成分承载或引导。以下我们拟借鉴徐烈炯"语义焦点"的命名思路，将由一些承载特定语用意义的词语来展现的非命题性焦点称作"语用焦点"。虽然所有焦点都是语用性质的，但"语用焦点"更能强调该类焦点主要承载和传递主观情感意义功能这一特性。

明确了与焦点概念相关的问题，我们接下来就可顺利地探讨自然焦点、对比焦点和语用焦点的纵向对比性和相应的凸显性问题。

7.1.2.3 焦点的纵向对比性

纵向对比是指句中成分与句外焦点集或对比集中的元素有对比或对照关系。对比焦点正因为其典型的纵向对比特征而得名，所以需要论证的是自然焦点和语用焦点的纵向对比性。

（1）自然焦点的纵向对比性

一般认为，自然焦点负载的是呈现型新信息，没有对比性。但也有一些学者如 Gundel（1999）、袁毓林（2006）、Erteschik-Shir（2007）等认为自然焦点也是有对比性的。

Gundel（1999）在谈到语义焦点（即一般认为的自然焦点）时，认为"语义焦点因为表达的是新信息，本身固有对比性，也就是跟有可能陈述某个话题的其他信息对比"。

袁毓林（2006）认为，任何焦点都有对比性。已经实现的焦点成分总是跟焦点域中的其他交替成分(alternates)构成对比关系。如：

[1] 他三十年来一直住在芜湖。

例 [1] 中的焦点"芜湖"在语义上就引出一个焦点域，其中的成分是一些由语境限定的跟"芜湖"具有交替关系（alternative）的元素，比如"合肥"、"蚌埠"、"南京"、"徐州"、"广州"等等。袁毓林提出，突出的新信息也有一个预设的范围，这个范围构成了焦点域；说话人挑选出来的焦点成分跟焦点域中的其他候选成分构成了一种对比。

Erteschik-Shir（2007:48）在论述用 what-question 句测试自然焦点时，指出自然焦点集也是有对比性的。如：

[2]What did John wash？

与 What 对应的焦点集虽然不是语境限定的，但必须是可以洗的东西的集合。

（2）语用焦点的纵向对比性

本书中的语用焦点是指呈现强烈主观意义的焦点，主要由焦点敏感算子或其他含有丰富联想意义的语言成分引导或承载的。这些成分本身所含有的主观性意义为对比提供了的基本条件，即对立的两方面。先以含有"与预期或预设不一致"这一语用意义的焦点敏感算子"才"与"并"为例。所谓"与预设不一致"，必然包括两个方面：①话语的预设；②说话者认定的事实（即与预设的不一致）。说话者对事实的认定正是在与预设的对照之下完成的，自然就具有对比性。例如：

[3] 戏开演了，他才来。

[4] 戏才开演，他就闹着要回家。

[5] 没钱到东方旅行的德国人、法国人、美国人，到伦敦的时候，总要到中国城去看一眼，为的是找些写小说、日记、新闻的材料。中国城并没有什么出奇的地方，住着的工人也没有什么了不得的举动。[1]

在例 [3] 中，"才"有"比预期晚"的含义，即与"应该在戏开演前到来"的常识性预设相对照，说话人认定他来晚了。例 [4] 中的"才"则有"比预期早"的含义，是与"戏应该看完"的常识性预设对照之下，说话人认定他走早了。例 [5] 中由"并"引发的预设与事实的对比是：中国城应该有出奇的地方（话语预设），中国城没有出奇的地方（说话者认定的事实）。

另外，程度副词本身就具有对比性，很多时候也用来强化对主观态度、情感的

---

[1] 例 [3] 和例 [4] 源自齐沪扬、李文浩（2009）；例 [5] 源自温锁林（2010）。

表达。例如：

[6] 我很喜欢你。

例 [6] 中"很"属于强化词类，与"不很"甚至于"没有（不）"相对照。而含有丰富褒贬义的实词，如形容词、名词、动词等，如用以表示语用焦点，此时其主观性意义是在特定语境中与词的概念意义相对照才能得以体现的。例如：

[7] 你这资本家的走狗！

"狗"本是表示动物种类的中性名词，但在例 [7] 中却用来表示人，此时，其多出来的主观性意义是通过与中性词义的对照体现出来的。在中国文化背景中，它显示的是强烈的贬义色彩。

7.1.2.4 焦点纵向对比的意图性与焦点集的隐显性

焦点的语用性质主要体现在说话者的主观意图性上：只有在新信息被着意强调时，它才是焦点。在焦点的次类划分中，说话者对于焦点纵向对比的意图性同样是非常重要的因素。徐烈炯、刘丹青（1998）在以 [＋突出]、[＋对比] 为参项提出自然焦点和对比焦点的特征时，其 [＋对比] 参项实质上基于的就是对比的意图性。他们所认为的自然焦点具有[－对比]特征其实是指没有明确的对比语境及对比的意图。自然焦点的功能主要是呈现性的，焦点集与世界知识相连，更多涉及心理预设，所以这种纵向对比是一种隐性的对比和选择，没有显性对比集的出现。如 [1] 中"芜湖"虽有潜在焦点集"合肥"、"蚌埠"、"南京"、"徐州"、"广州"等，但说话者没有对比的意图，也就没有必要让焦点集显现。

对比焦点是受语境制约的且在存在相关对比集的情况下才能出现的焦点，总含有"纠错"或"识别"的意义，有着明显的对比意图。对比焦点也经常被称作窄焦点，具有穷尽性或排他性。例如：

[8] a. Did you see John or Bill?

b. BILL.

例 [8] 中的答案 BILL 是而且只能是从上文提供的对比集（John；Bill）中选择而来。

语用焦点的对比意图性介于自然焦点与对比焦点之间，这类焦点本身呈现一定的对比性，如"与预设相反"类焦点敏感算子所蕴含的语用意义，就是触发预设并对该预设予以否定。但这类焦点对焦点集没有明确的显性要求，因为焦点敏感算子具有预设触发语的性质，从其本身即可推导出预设来，此时焦点集就不一定非要出现不可。例如：

[9] 他们说小明那孩子傻，其实他并不傻。

[10] 连老师都做不出这道题。

在例 [9] 中，从"并不傻"就可以推导出其预设"有人认为他傻"；由例 [10] 句推导出的预设是"老师应该能做出很多甚至所有的题"，这样的预设具有公设性质，因而就没有必要明说了。由此可见，语用焦点也是属于有对比意图的焦点。

总之，所有焦点都具有组合层面及聚合层面的对比性。焦点在组合层面的对比性是信息结构中反映新信息的焦点成分与反映已知信息的预设部分在表达强度上的对比；而焦点在聚合层面的对比是句中焦点成分与显性或隐性焦点集中的成分的对比，这种对比是选择或确认性质的。

7.2 重音词语对比性的实证性研究

鉴于本书中我们所界定的焦点词语与重音词语享有相同的外延，而重音词语又具有现实的可触性，我们即将焦点的对比性特征映射到重音词语上，并通过实证方式来论证重音词语的对比性。

本节拟从重音的"凸显性"出发，论证所有重音词语都具有对比性的观点：组合性对比是句子内重音词语与非重音词语在强度上的对比。而聚合层面的对比是语义对比，按重音集的语境限定和非语境限定情况有句内和句外、显性和隐性之分。

7.2.1 句子层面重音词语与非重音词语在强度上的对比性

组合性对比是指句子内重音词语与非重音词语在强度上的对比，有一定的结构性，即一定程度上对应于"已知信息—新信息"或"预设—焦点"的语义结构或"主语—谓语"的语法结构。重音成分与"新信息"、"焦点"或"谓语"大致重合，在声音强度上凸显，表现为结构性的"重音居后"特征。这一点在以往研究中已得到认同，也在本书 3.1.2 部分对"异地高考可行吗"的统计数据中得到基本的支持。单从句子的三种主要成分主、谓、宾的重音情况来看，语料中主语部分重音比例占三者总数的 33.87%，谓语部分即谓语加宾语占 66.13%，基本符合汉语语句"重音居后"的原则。如果采纳赵元任所提出的修饰词是"逻辑谓语"的观点，那么从句法成分来看，主语部分占 13.73%，"谓语"部分占 86.27%，从理论上来说也是支持"重音居后"规则的。总之，从理论上来说，句子中非重读成分和重读成分存在一定的结构性的强度对比。

那些被凸显的成分，从句法来说，更多的是在谓语部分；从信息结构的角度来说，是新信息；从主观性来说，是主观性更强的如表示强调或主观判定的各种"量性"词语以及强调逻辑语义关系的关联词语等。总之，句子层面的凸显是一种强度凸显，是那些更能体现语句意图的命题性或非命题性新信息相比于句子中其他次要信息的凸显。如：

[11] 第六次人口普查结果显示，中国现有两点二亿人迁居异地工作和生活。

（主持人王凯）

[12] 在今年参加中考的前后，我做出了今生最艰难、最痛苦的抉择。

（正方嘉宾谭玉红）

[13] 我们要解决这个问题的时候，你必须搞清楚它的实质在哪里。

（反方嘉宾丁兆林）

以上三例代表了辩论中的三方，即主持人、正方和反方。主持人的职责是组织辩论，提出话题、推进和控制话题走向。例 [11] 就是提出话题的一部分，展示现实矛盾，引起双方辩论。其中的"第六次"重读，既显示数据的精确来源，也强调数据的最新性；而"两点二亿"则以客观量化数据表示"人数众多"。句中两个数量词比其他成分更能体现展示现实矛盾的意图，所以强度上得到了更为明确的凸显。例 [12] 中的"最艰难"、"最痛苦"体现了正方嘉宾谭玉红作为学生家长所体验到的现行高考政策所带来的强烈负面感受。而例 [13] 中"这个问题"、"必须"、"实质"则反映了反方嘉宾丁兆林对于现场争论的问题所持有的不同意见，即他认为正方嘉宾没有看到问题的实质，而他看到了，所以比句中其他词语读得更重。

总的来说，句子层面的非重读成分和重读成分存在一定的结构性的强度对比，但这种结构规则主要还是一种理论上的存在，对于实际话语的重音现象没有很强的应用性和解释力。

7.2.2 重音词语在语义层面的对比性

句子层面的强度对比是一种宏观的、组合性的对比，所有重音词语都是在与非重音词语的对比中才得到相对凸显。而重音词语在聚合层面的凸显是基于与"重音集"中的词语所形成的一种语义对待关系。

"重音集"是重音词语的显性或隐性对比集，是我们从 7.1 节"焦点集"这个概念引申过来的。前面我们探讨过，所有焦点都有对比性，都存在着一个相应的可替换成分的集合（a set of alternatives）。根据不同类型焦点对比意图的强弱，它们相应的焦点集也有显性与隐性之分。那些由语境限定的是显性的对比集，对应对比焦点；而一般认为的常规或自然焦点则有隐性的、非语境限定的焦点集。总之，所有的焦点都有相应的焦点集或对比集，包括显性的、语境限定的对比集以及隐性的、非语境限定的对比集。我们在这里将"焦点对比集"的概念引申至"重音对比集"或"重音集"，即与重音词语有潜在交替性的成分的集合。重音词语的凸显正是基于与重音集中的词语所形成的一种语义对待。

按照重音集的语境限定和非语境限定情况，聚合层面的重音对比有句内和句外、显性和隐性之分。表 7-1 显示的是"异地高考可行吗"语料中全部重音在聚合层面的对比性分布情况。

表 7-1 重音集分布情况

重音对比集	重音分布	数量（个）	百分比	显隐
语境限定	小句内	96	5.55%	显
	复句内	291	16.81%	↕
	语篇内	508	29.32%	
非语境限定	语篇外	837	48.32%	隐
总计		1 732	100%	

7.2.2.1 重音词语的小句内对比

重音词语在小句单位内的对比是典型的显性对比，但在我们的统计数据中所占比例不高，只有 5% 左右。对比的词语在句中的成分地位及词性上较为一致，在语义上有反差型的，如对照、选择、纠错等；也有呼应型的，如并列、指代、因果等。

在我们的语料中，作为正方嘉宾的郭元婕主要是以教育研究者的身份来论证高考改革形势之迫切性的，她的话语中就含有不少对比性的重音词语。例如：

[14] **户籍**制度到底对我们国家这个人口的管理和社会的经济政治的发展是**促进**作用还是制约作用呢？

[15] **因为它**所提供的服务和它拥有的资源已经和各地没有什么差别了。

[16] 不对，不对。这个不对。而是我到北京来考和到外地来考**机会**已经是均等了。

首先，以上三例中重音词语都是最能凸显话语意图的核心词语，如 [14] 中"户籍制度"正是正方嘉宾要抨击的核心对象，"到底"凸显了说话者的质疑，质疑的核心是户籍制度的作用："促进"还是"制约"。例 [15] 中关联词"因为"凸显的是说话人的主观判定，代词"它"指代的是辩论的核心概念之一"户籍制度受益地区"，另外三个动词"提供"、"拥有"、"没有"是对前面核心概念的陈述重点。例 [16] 中"机会"也是正方嘉宾的核心议题之一，高考改革正是要争取教育机会平等，"而是"凸显了说话人的主观色彩的强行性的澄清或修正，"到北京"和"到外地"则是机会均等的两个对照条件。

除了句子层面核心词与非核心词的对比以外，以上三例都含有小句内重音词之间的对比，如 [14] 中的"促进"与"制约"，[15] 中的"提供"与"拥有"，[16] 中的"到北京"与"到外地"。这三对词语是一种微观层面的对照关系，在句中的成分地位和词性上一致。其实其他重音词语也与句外或篇外的重音集中的词语形成隐性对比，这点我们会在下文重点讨论。

7.2.2.2 重音词语的复句内对比

复句是由语法上相互独立而语义上相互依存的两个或以上的小句构成的。我们在统计复句内对比的重音词语时，将体现分句间逻辑语义关系的关联词语也考虑在内，如"因为……，所以……"，"如果……，那么……"，"不是说……，而是说……"等。复句内对比的重音词语共291个，其中有一半左右是关联词重音。复句内的对比重音也是较为显性的对比重音，重音词语间距离较近。如：

[17] **第一个**，我们这些广大的进城务工人员，
不管他是**高端**的知识分子，还是**低端**的就是说，从事底线工作的人，
但是我可以说，**他们不是因为户籍**而选择工作，**是因为工作机会**来选择工作。
第二个，我也想说，我们的很多的学生啊，随迁子女，
不是因为户籍而选择学校，**而是**因为什么，而是因为教育和生活的**环境**而选择所在的地域上学。（正方嘉宾郭元婕）

[18] 给**别人**多开一扇窗，就相当于给**自己**多开一道门。
从来**不存在能不能**开窗的问题，**只存在愿不愿意**的问题。
所以**时机**不是**有没有**的问题，而是你**给不给**的问题。（正方嘉宾曹保印）

在例 [17] 中，"高端"与"低端"、"户籍"与"工作机会"、"不是"与"而是"、"户籍"与"环境"等都是典型的复句内对比，是语义反差型的对比。另外，"不管"与"还是"也构成语义对应，但由于话语节奏的原因，只有"不管"重读了；"但是"也与前面话语有一种转折性语义对应关系。

而 [18] 中的"别人"与"自己"、"不存在"与"只存在"、"能不能"与"愿不愿意"、"不是"与"而是"、"有没有"与"给不给"等都是语义对应的词语，也是由于话语节奏的原因，不是所有的具有对应性的词语都重读，但每对中至少有一个是重读的。

另外，例 [18] 是正方嘉宾曹保印在"一句话表明观点"环节上所发出的话语。他是在辩论进行到最后一个话题即"异地高考时机成熟了吗"时上场的，在此之前双方嘉宾已就异地高考"应不应该"、"可不可行"进行了激烈争论。可见，曹保印的重音词语中还包含了与前面话语的较为隐性的对比，这些对仗性的词语都是对反方嘉宾前面观点如"不能放开异地高考"、"时机没有成熟"等的一种反驳。从这个意义上说，曹保印话语中的重音词语具有双重的对比性，即复句内的显性对比和语篇内的较为隐性的对比。

7.2.2.3 重音词语的篇内对比

篇内对比是指与言内语境相关的、超出小句或复句的语义对比关系。在我们的统计数据中，小句和复句内的显性对比共占22%左右的比例，语篇内对比相对要多

一些，约29%。

就篇内对比而言，重音词语间语义越紧密、距离越近的，对比就越具有显性特征；反之，对比就越隐性。例如：

[19] 我们现在北京占有了很多优质的资源。
　　不仅是北京，上海、广州这些**经济发达**的地区和**先**走一步的地区，
　　那么，他们占有了**很大**的这个教育的投入，
　　而且还有很优秀的师资，
　　有很好的教育设备，
　　那么也有很好的国际视野。
　　在这种情况下，那么我们在高考的分数上，还要比异地录取分数**低**，
　　那么我们是不是一种**优势**保护和**优势**倾斜？
　　　　　　　　　　　　　　　　　　　　（正方嘉宾郭元婕）

例[19]中这段话语在句法上不是严格的复句关系。其中的重音词语也有较强的语义对比性，但其规整性比[17]和[18]差一些。表示相反语义的两类词在数量上不对等，众多表示教育条件好的词语如"优质""很大""投入""优秀""很好""教育设备"等与一个表示高考优势的词语"（录取分数）低"形成对照，这种语义对照又与"优势保护和优势倾斜"构成语义上的呼应。再如：

[20] 河南、山东、安徽的考生，都到哪里去考呢？
　　到**西宁**去考，因为孩子在西宁考试是会更好的。
　　如果是**那**样的话，我相信对我们至少欠发达地区产生那种巨大的冲击是**不可**
　　　想象的。
　　因为**那**个时候，对**这**些地区考生它的公平又何在？
　　　　　　　　　　　　　　　　　　　　（反方嘉宾朱煦）

例[20]中"哪里"与"西宁"构成一种问、答的对应关系，而"西宁"与"河南"、"山东"、"安徽"又有一种由语境引申出的"欠发达地区"与"高考大省"的对比关系。"那"和"这"两个代词与它们的先行语义构成相呼应的关系。因为代词本身的语境依赖性质，我们也将它作为篇内对比的一种形式。在508个篇内对比重音词语中，代词有194个，约占38%。语料中，像"这"和"那"构成的词语重读概率也相当高，约55%。

7.2.2.4 重音词语的篇外对比

那些没有与单句、复句或语篇内的成分构成显性对比的重音词语，其实也存在对比性，而且在所有重音中所占比例最高，约48%，其中，主要是与常识或说话者的心理预设形成隐性对比。例如：

[21] 2011年11月29日,部分非京籍随迁子女家长提出随迁子女输入地高考方案,**建议**以学籍为准,实现异地高考,从学籍时间**有效性**等进行限制。
消息一出,让近年来广受关注的随迁子女高考问题,**再次**引发激烈的争议。

(主持人王凯)

例[21]是整个节目的开场白,重音词语没有与句内或上文中的成分构成显性对比,但都与篇外相关重音集中的词语有基于常识的语义对待关系。"随迁子女"是与"学生域"中的其他当地就学的学生相对,"输入地"与"流动域"中的输出地相对,"高考方案"与"方案域"中的其他方案相对,"建议"与"行动域"中的其他行为相对,"学籍"与"高考标准域"中的户籍相对,"有效性"与"性能域"中的其他性能相对,"消息"与"信息域"中的其他信息相对,"一出"与"过程域"中的其他时间段相对,"再次"与"时间域"中的首次相对。再如:

[22] 我也接触**大量**的总裁老板,他们**愿意**花很多很多钱,甚至是几百万。

(反方嘉宾王海涛)

[23] 应聘者:我发现**超市**好干,我一干就是三年。
店长:一家超市就**干**了三年?人家就没发现你?

(2012春晚小品《面试》)

例[22]中重音词语主要是表示说话者主观态度的情态词或表数量的词语。"愿意"是情态助动词,是正极,与负极"不愿意"相对;表示客观量的"几百万"一方面与前面的表示模糊量的"很多很多"形成显性呼应,另一方面也与常识相映衬,即人民币"几百万"是很多的,如果是日元或韩元,"几百万"就不能表达"(愿意)花费的钱不是一般的多"这一隐含意义。

例[23]是比较典型的与个人心理预设构成对比关系的重音凸显现象。应聘者一直以为自己是在接受面试,他的"超市"是与前面话语中的"幼儿园"工作相对的,"三年"与"一干"相呼应,表示在超市干工作的时间长;而店长却一直觉得自己是在审贼,他理解的"干"就是"偷"。而按常识来说,偷窃是一种行踪隐秘的行为,所以他非常吃惊:"一家超市"就 "偷"了三年?"发现你"是应该的,但是奇怪却没有。

总之,重音词语都是在相关重音集中的词语的衬托之下,传达话语意图的。很多时候这种重音集是隐性的,基于常识或个人的心理预设。

7.3 本章小结

本章着重讨论重音词语的凸显方式。基于本书中认定的重音词语与焦点词语的同延性，我们先是从语义视角探讨焦点的对比性，然后将焦点的对比性映射到重音词语上，并通过实证方式论证所有重音词语都具有对比性的观点。

我们对焦点对比性的探讨是基于焦点的凸显性的。焦点是被凸显的信息，而凸显是以对比为前提的，即突出之物总是在与其他事物相对比的情况下才显示其突出性。我们认为，焦点的对比性体现在组合和聚合两个层面。组合层面上的对比性是指信息结构中已知信息与新信息在强度维度上的对比，体现为表达层面新信息作为焦点与已知信息作为预设的结构性对比。在这种"焦点—预设"的结构性对比中，焦点获得表达强度上的相对凸显性，这是所有焦点的共性特征。焦点和预设除了横向的结构性对比关系外，还有纵向的对比关系，即焦点与句外相对应的焦点集之中的元素在聚合层面上的取舍关系。不同于组合层面的强度对比性，聚合层面的对比性是选择或确认性质的。不同类型的焦点如自然焦点、对比焦点、语用焦点等因对比意图的强弱不同而导致相应的对比集有隐性和显性之分。对比焦点具有强烈的对比意图，所以焦点集是显性的；而自然焦点呈现新信息的意图强，对比意图弱，所以它的焦点集是隐性的；语用焦点的对比性具有一定的可推导性，所以焦点集可隐可显。总之，焦点的凸显性特征使得所有焦点都具有对比性。

本书中界定的焦点词语与重音词语的同延性使得我们可以将焦点的对比性特征映射到重音词语上，而重音词语的现实可触性又使得我们可以通过实证方式验证重音词语的对比性。我们对所选语料的统计数据基本证明了本章结论，即在句子层面非重读成分和重读成分存在一定的结构性的强度对比，而在聚合层面所有重音词语也存在与句内或句外成分的显性或隐性的语义对比。总之，所有重音词语都具有对比性，这个结论突破了以往关于焦点和重音在"常规"与"对比"性上的分类。

第 8 章 结　　语

8.1　本书的发现

　　语句重音是说话者对语音线条的一种主观性使用，即通过放大语句中相关词语的音高、音强、音长等因素来凸显话语意图或情感。对语句重音的研究涉及语言学、声学、播音学、心理学、计算机语音合成等多个领域，本书基于学科间互相借鉴和互相促进的认识，立足于宏观语用学的研究视角，借鉴播音学重音研究的语篇视野，运用语音学实证性的研究方法，对自然话语中语句的重音现象进行了描述与阐释。我们在前人研究的基础上，对重音的分布、功能、性质、程度及凸显方式等五个方面提出了自己的观点。

　　重音分布是以往中外研究中探讨较多的课题，也取得了共识性的成果，如"重音居后"规则。但这个规则只对"主＋谓（＋宾）"等基本结构的重音现象具有解释力，而不能解释定语和状语等所在的附加结构"重音居前"的现象。我们在研究中增加了语义结构的考虑，提出"述谓重音"的观点，将附加结构的"重音居前"句法表象纳入到语义层面的"重音居后"统一规则之下，并通过认知、语用、语义、句法和韵律的内在关联，对述谓结构不同层级的重音分布共相给予了相应的动因阐释。但这样的统一规则只在一种较为宏观的层面，即主谓二分和核心谓语与逻辑谓语归一的情况下才能成立。另外，它对其他一些非结构性的"非常规"重音现象如强调、对比和句首关联语重音等都没有解释力。所以"重音居后"规则的生命力主要存在于对静态语境中孤立语句重音的分析，而对于动态语境中真实话语的重音现象，还需要突破句法、语义层面的"常规"与"非常规"界限，从语篇的宏观视角进行分析。

对重音功能的探讨是本书的重点,而我们在研究角度方面的创新点就在于借鉴了播音学宏观语篇的视角,对真实话语语篇进行了实证分析,并对所描述的重音现象从认知语用学视角予以解读。我们在对所选语料进行实证性研究后发现,在一个语义结构完整的语篇中,所有重音词语都是为凸显说话人意图服务的,都可以通过对说话人意图的解读而得到解释。当说话人意图保持一致时,为这些意图服务的重音词语在意图指向上也是一致的,这一点通过从不同嘉宾同一立场的横向维度、同一嘉宾一贯立场的纵向维度和主持人话语功能等三个维度都得到了论证。概而言之,所有重音都是在不同侧面、不同层次为说话人的总体意图服务的。而从认知语用学视角来看,一个人的重音词语之所以具有凸显意图的功能而且表现出意图指向上的一致性,这是因为人类交际就是以意图交际为根本目的的。意图是隐藏于言内行为的言外之意,需要经过推理才能得以明确;而且人类是计划动物,意图具有层次性,有长远意图和当前意图、信息意图和交际意图等类型。关联理论认为,人类交际是基于最佳关联机制的,即说话人尽可能让自己的话语具有最大关联性以值得听话人去处理,而听话人则是综合运用语言解码和推理的方式来推导话语内明确和隐含内容的相关假设,并用最小认知努力来获得最大关联的解读。重音就是帮助说话人高效表达自己的思想感情并引导听话人准确、快速领会说话人意图的程序性编码手段。这些也在本书中通过实例得到论证。

对于重音的性质问题,我们重点探讨了作为语言交际中程序性编码手段的重音的表征性和冗余性。重音的表征性是相对于焦点而言的。对于意图、新信息、焦点、重音四者之间的关系,我们认为,说话人意图是最核心的内在决定因素,但意图是一种超语言的思维状态,需要通过语言得到实现,是语句的言外之意。语句的语义结构按照已知信息——新信息的结构方式组织思想,新信息部分最能体现意图,而语句中承载新信息的语言成分如果被说话人有意以重音等表征形式凸显,它就成为焦点,重音等则是外化的表征形式或标记。在焦点的几种标记形式中,重音是最基本、最普遍的一种凸显形式,这一点已被大规模的实证研究所证实。焦点是说话人意图在语句中的集中表现,充满了主观性色彩。语言中与说话人主观性相关的特征被称为冗余性特征。重音的冗余性体现为它超出了听清的最低需要,多出来的音量是用来表达说话者的特别用意或情绪、唤起听话人特别注意的冗余部分。重音的冗余性还表现为它只是说话人焦点的外在辅助表征形式,没有它听话人仍然可以通过语篇内在的语义结构理解语篇意义,或者复现书面语篇的重音模式。

基于重音的表征性与冗余性,我们还探讨了重音的程度与凸显方式等问题。我们立足于一个相对宏观的视角,探讨重音强度与主观性程度之间的关系。通过对本书语料的重音实证分析，我们发现，那些更多承载说话人主观性的词类和句类在重读概率和重读强度上也倾向于更高，即在语音上更具冗余性。从词类来说，助动词、形容词、副词、数量词和连词等更多承担了说话者主观性新信息的表达，如主观判定、态度或"量"的强调等，它们的重读概率和重读强度要远高于更倾向于在传递命题性新信息方面承担更大作用的名词、代词和动词及起引导作用的介词等。从句类来说，主观性越强的句类或句类成分也表现出语音冗余度越高的倾向。比如，带强化词的陈述句比一般性陈述句在音高、音强及音长上都相对较高；而主观性更强的反问句比一般性疑问句的语音冗余度也更大一些。而且主观性更强的语句中，重音词语的绝对值也更高一些。总之，研究结果显示，焦点信息的主观性程度与语音表征冗余度之间呈现正相关倾向。

对于重音词语的凸显方式，我们是基于本书中认定的重音词语与焦点词语的同延性，先是从语义视角探讨焦点的对比性，然后将焦点的对比性映射到重音词语上，并通过实证方式论证所有重音词语都具有对比性的观点。我们对焦点对比性的探讨是基于焦点的凸显性的。焦点是被凸显的信息，而凸显是以对比为前提的，即突出之物总是在与其他事物相对比的情况下才显示其突出性。我们认为，焦点的对比性体现在组合和聚合两个层面。组合层面上的对比性是指信息结构中已知信息与新信息在强度维度上的对比，体现为表达层面新信息作为焦点与已知信息作为预设的结构性对比。在这种"焦点—预设"的结构性对比中，焦点获得表达强度上的相对凸显性，这是所有焦点的共性特征。焦点和预设除了横向的结构性对比关系外，还有纵向的对比关系，即焦点与句外相对应的焦点集之中的元素在聚合层面上的取舍关系。不同于组合层面的强度对比性，聚合层面的对比性是选择或确认性质的。不同类型的焦点如自然焦点、对比焦点、语用焦点等因对比意图的强弱不同而导致相应的对比集有隐性和显性之分。对比焦点具有强烈的对比意图，所以焦点集是显性的；而自然焦点呈现新信息的意图强，对比意图弱，所以它的焦点集是隐性的；语用焦点的对比性具有一定的可推导性，所以焦点集可隐可显。总之，焦点的凸显性特征使得所有焦点都具有对比性。将焦点的对比性特征映射到重音词语上，我们可以通过实证方式验证重音词语的对比性。我们对所选语料的统计数据基本证明了本书结论，即在句子层面非重读成分和重读成分存在一定的结构性的强度对比，而在聚合层面所有重音词语也存在与句内或句外成分的显性或隐性的语义对比。总之，所有重音词语都具有对比性，这个结论突破了以往关于焦点和重音在"常规"与"对比"性上的分类。

8.2 本项研究的意义

本书在研究思路上突破了单一领域的局限,立足于学科交叉的视角,综合考虑语言学、播音学、声学、心理学等多个领域在重音研究方面的方法与成果,博采众长,寻找到新的突破点、理论依据与研究方法,最终对重音的分布、功能、性质、程度、凸显方式等几个方面提出了个人新的见解。

本书研究成果是基于多学科视角和对真实话语的实证分析得出的,因此理论上具有一定程度的可靠性。另外多学科视角也使得各个学科对于重音的研究可以相互验证、相互借鉴、相互促进。比如我们对播音学语篇重音观的借鉴就突破了语言学一直以来的静态语境下的重音研究视角,播音学对重音"表情"的重视也是其他学科所忽略的方面,而"表情"恰恰是重音所承载的一个重要功能,播音学的这些视角对我们研究重音的功能、性质和程度等方面具有很大的启发意义。而我们对真实话语的实证分析又突破了播音学"源于生活又高于生活"的艺术视角,将重音研究对象拓展到真实的、动态的日常生活话语中。我们的研究一方面为语言学自然话语的重音研究拓宽了视角,同时也为播音学的重音理论提供了一种来自自然话语的切实验证,另外也能为计算机自然语言处理及对外汉语教学等实践学科提供有关汉语语句重音规律方面的参考。

本书借鉴关联理论的观点对重音功能进行认知语用视角的解读目前在汉语界也不多见,所以在理论应用方面也有一定的创新意义。

8.3 有待进一步探讨的问题

受个人知识背景、研究能力及研究时间的局限,本书研究成果对于汉语语句重音的研究来说最多也只是沧海之一粟,当然我们也希望这是有着自己特征和独立存在意义的一粟。我们的结论是基于较小规模和较少种类的语料做出的,还需要更多的研究去支持和完善,其学术价值更多的是在于对他人在重音研究上的启发作用。

与本项研究直接相关的后续研究是重音与焦点的关系问题。就意图、焦点和重音这几个概念而言,前两者都是与意义相关的、较为抽象的概念,而重音则是现实可触的物理符号。我们一直在强调,重音凸显说话人的意图,但意图是一种超语言的思维状态,需要通过语言得到实现,语句中集中承载说话人意图并被说话人有意以重音等表征形式凸显的语言成分就是焦点,所以焦点对于意图来说主要是概念性的编码,而重音对于焦点则是程序性的编码。包括本书在内的大部分研究都将重音词语和焦点词语视为同延,即重音词语与焦点词语在外延上是一致的、整齐对应的,但我们在 6.1 节也发现,被认为带有强焦点性质的疑问词在本身不承载很强主观性的情况下，在发声上并不凸显，这个现象需要我们对于焦点与重音的关系进行更深入细致的研究，包括焦点的层次性问题。既然焦点是意图的语言表征，而意图具有层次性，那么焦点也应该有相应的结构层次，如语篇焦点、句际焦点、句内焦点等。句内焦点还分为独白语篇的无标记信息单位"小句"和对话语篇的无标记信息单位"问答结构"两种不同情况下的焦点。如果说问答结构中问句的疑问焦点不一定重读，那么答句中针对问点的答点是怎样的情况呢？复句关联词可以构成句际焦点吗？语篇关键词具有语篇焦点的特征吗？总之，重音作为现实可感的表象，可以为我们提供深入了解语言实质的切实可行的途径，我们需要一步步地对相关问题进行深入研究。

参考文献

1. 曹剑芬. 基于语法信息的汉语韵律结构预测 [J]. 中文信息学报, 2003, 17（3）: 41-46.
2. 曹剑芬. 语音的变化: 生成机制和交际意义 [A]. 第八届中国语音学学术会议暨庆贺吴宗济先生百岁华诞语音科学前沿问题国际研讨会 [C]. 北京, 2008.
3. 曹文. 汉语焦点重音的韵律实现 [M]. 北京: 北京语言大学出版社, 2010.
4. 陈虎. 自然语言的重音分布及其语义解释——西方研究综述 [J]. 现代外语, 2003, 26（1）: 94-103.
5. 陈虎. 基于语音库的汉语感叹句与感叹语调研究 [J]. 汉语学习, 2007, （5）: 45-55.
6. 陈玉东. 汉语韵律层级中小句的中枢地位和调节作用 [J]. 汉语学报, 2005, 10（2）: 70-75.
7. 陈玉东, 吕士楠. 汉语朗读语篇的修辞结构和韵律表达 [A]. 第八届中国语音学学术会议暨庆贺吴宗济先生百岁华诞语音科学前沿问题国际研讨会 [C]. 北京, 2008.
8. 陈玉东, 杨玉芳. 不同朗读语体重音的韵律特征研究 [A]. 第十届全国人机语音通讯学术会议暨国际语音语言处理研讨会论文摘要集 [C], 2009: 165-170.
9. 戴浩一. 以认知为基础的汉语功能语法刍议 [A]. 戴浩一, 薛凤生主编. 功能主义与汉语语法 [C]. 北京: 北京语言学院出版社, 1994.
10. 端木三. 重音理论和汉语的词长选择 [J]. 中国语文, 1999, （4）: 246-254.
11. 方梅. 汉语对比焦点的句法表现手段 [J]. 中国语文, 1995, （4）: 279-288.
12. 范开泰, 张亚军. 现代汉语语法分析 [M]. 上海: 华东师范大学出版社, 2000.
13. 冯胜利. 汉语的韵律、词法与句法 [M]. 北京: 北京大学出版社, 1997: 68-70.

14. 高明明. 普通话语句中强调重音韵律特征的实验研究 [D]. 北京大学中文系博士学位论文，1993.

15. 高路. 汉语文本语篇中语句焦点确定及焦点与重音关系研究 [D]. 中国科学院心理研究所博士学位论文，2007.

16. 韩文静，李海峰. 基于韵律语段的语音情感识别方法研究 [J]. 清华大学学报（自然科学版），2009，49（1）：1363-1368.

17. 贺玉勋，蒋冰清. 语篇重音变异的认知理据与心理机制 [J]. 湖南人文科技学院学报，2008，(5)：154-160.

18. 贺玉勋，肖建安. 元话语框架下重音语篇变异研究 [J]. 中南大学学报（社会科学版），2008，(5)：742-746.

19. 贺玉勋，肖建安. 重音语篇变异与动态语境关联 [J]. 湖南工业大学学报（社会科学版），2008，(2)：142-145.

20. 何星. 冗余信息与语言理解 [J]. 外语研究，2000，(4)：30-32.

21. 胡裕树. 现代汉语（增订本）[M]. 上海：上海教育出版社，1987.

22. 黄伯荣，廖序东. 现代汉语（修订本）[M]. 兰州：甘肃人民出版社，1983.

23. 贾媛，李爱军，马秋武等. 具有焦点标记作用的"是"字句重音分布研究 [J]. 中文信息学报，2009（3）：103-109.

24. 江爱世，陈煦海，杨玉芳. 言语情绪韵律加工的时间进程 [J]. 心理科学进展，2009，17（6）：1109-1115.

25. 金立鑫. 解决汉语补语问题的一个可行性方案 [J]. 中国语文，2009，(5)：387-398.

26. 李宝伦，潘海华，徐烈炯. 对焦点敏感的结构及焦点的语义解释（上）[J]. 当代语言学，2003，5（1）：1-11.

27. 李大勤. "Vs 前多项 NP 句"及汉语句子的语用构型分析 [M]. 北京：语文出版社，2003.

28. 李临定. 汉语造句方式 [J]. 中国语文，1995，(4)：260-266.

29. 李晓华. 新闻播音节律特征研究 [M]. 北京：中国传媒大学出版社，2008.

30. 李晓庆，杨玉芳 a. 重读与信息结构对语篇理解加工的影响 [J]. 心理学报，2005，37（1）：34-40.

31. 李晓庆，杨玉芳 b. 一致性重读在口语语篇临场加工中的作用 [J]. 语言科学，2005，4（5）：36-41.

32. 林茂灿，颜景助. 普通话轻声与轻重音 [J]. 语言教学与研究，1990，(3)：88-104.

[33] 林茂灿. 汉语焦点重音和功能语气及其特征 [J]. 汉字文化, 2011, (6): 10-23.

[34] 刘辰诞. 论元结构: 认知模型向句法结构投射的中介 [J]. 外国语, 2005, (2): 62-69.

[35] 刘探宙. 多重强式焦点共现句式 [J]. 中国语文, 2008, (3): 259-269.

[36] 刘亚斌, 李爱军. 自然口语中重音的声学征兆 [A]. 第六届全国现代语音学学术会议论文集 [C], 2003: 205-210.

[37] 吕明臣. 汉语的情感指向和感叹句 [J]. 汉语学习, 1998, (6): 11-14.

[38] 吕明臣. 现代汉语应对句的功能 [J]. 汉语学习, 2000, (6): 25-28.

[39] 吕叔湘. 汉语语法分析问题 [M]. 北京: 商务印书馆, 1979.

[40] 莫静清, 方梅, 杨玉芳. 多重强式焦点共现句中焦点强度的语音感知差异 [J]. 汉语学习, 2010, (1): 18-25.

[41] 莫静清, 陈玉东, 杨玉芳. 汉语自然语篇中已知信息的焦点确定 [J]. 人类工效学, 2011, 17 (1): 70-73.

[42] 潘国英. 论状语的性质 [J]. 上海师范大学学报 (哲学社会科学版), 2010, 39 (4): 112-122.

[43] 齐沪扬, 李文浩. 凸显度、主观化与短时义副词 "才" [J]. 语言教学与研究, 2009, (5): 23-30.

[44] 任绍曾. 信息单位与信息状态——试析语言信息的二分说与三分说 [J]. 外语教学与研究, 2010, 42 (3): 190-197.

[45] 沈家煊. 语言的 "主观性" 和 "主观化" [J]. 外语教学与研究, 2001, 33 (4): 268-275.

[46] 沈炯. 北京话声调的音域和语调 [A]. 林焘, 王理嘉等著. 北京语音实验录 [C]. 北京: 北京大学出版社, 1985.

[47] 沈炯. 汉语语调构造和语调类型 [J]. 方言, 1994, (3): 221-228.

[48] 沈炯. 汉语语调分类和标记方法试说 [J]. 语言文字应用, 1998, (1): 102-104.

[49] 石翀, 贺玉勋. 元功能与语篇重音变异 [J]. 理论界, 2010, (3): 149-150.

[50] 石毓智. 论判断、焦点、强调与对比之关系——"是"的语法功能和使用条件 [J]. 语言研究, 2005, 25 (4): 43-53.

[51] 隋然. 自然语言语义结构问题的哲学分析 [J]. 外语学刊, 2008, (6): 1-6.

[52] 王蓓, 杨玉芳. 新旧信息的重读比较 [A]. 第六届全国现代语音学学术会议论文集 [C], 2003: 238-243.

53. 王蓓，Caroline Féry. 话题和焦点在分裂句中的韵律编码方式及其对感知的影响 [J]. 声学学报，2010，35（6）：694-700.

54. 王丹，杨玉芳. 自然语言中焦点与重音关系的研究进展 [J]. 陕西师范大学学报（哲学社会科学版），2004，33（4）：117-122.

55. 王丹，杨玉芳. 新旧信息和重音的匹配关系对话语理解的影响 [J]. 人类工效学，2005，11（4）：1-4.

56. 王丹，杨玉芳. 修饰语的焦点和重音对话语理解的影响 [J]. 心理科学，2005，28（3）：537-540.

57. 王丹，程宗军，郑波等. 普通话常规重音分布规则的研究 [J]. 应用声学，2007，26（1）：46-54.

58. 王丹，杨玉芳. 论元结构的焦点和重音关系对话语理解的影响 [J]. 心理科学，2010，33（3）：526-529.

59. 王宏军. 论汉英"焦点"与"预设"的表现手段 [J]. 外国语文，2009，25（2）：79-82.

60. 王韫佳，初敏，贺琳. 汉语语句重音的分类和分布的初步实验研究 [J]. 心理学报，2003，35（6）：734-742.

61. 王韫佳，初敏，贺琳. 汉语焦点重音和语义重音分布的初步实验研究 [J]. 世界汉语教学，2006，76（2）：86-98.

62. 温锁林. 关于焦点问题 [J]. 广西师范大学学报（哲学社会科学版），2001，37（1）：42-45.

63. 温锁林. 现代汉语的申辩口气——兼论语气副词的研究方法 [J]. 语言研究，2010，（1）：30-38.

64. 闻彬，何婷婷，罗乐. 基于语义理解的文本情感分类方法研究 [J]. 计算机科学，2010，37（6）：261-264.

65. 武果. 副词"还"的主观性用法 [J]. 世界汉语教学，2009，23（3）：322-333.

66. 夏青. 对辩论性节目主持人现场驾驭能力的思考 [J]. 中国广播电视学刊，2011，（6）：91-93.

67. 邢福义. 汉语复句研究 [M]. 北京：商务印书馆，2001：39.

68. 邢欣. 现代汉语兼语式 [M]. 北京：北京广播学院出版社，2004.

69. 熊学亮. 认知语用学概论 [M]. 上海：上海外语教育出版社，1999.

70. 熊学亮. 语言使用中的推理 [M]. 上海：上海外语教育出版社，2007.

71. 徐长福. 意义分析与指谓异质性 [J]. 理论探讨，2009，（4）：48-52.

72. 徐杰. 句子的功能分类和相关标点的使用 [J]. 汉语学习，1987，（5）：5-8.

73. 徐杰，李英哲. 焦点和两个非线性语法范畴：否定、疑问 [J]. 中国语文，1993，（2）.

74. 徐烈炯，刘丹青. 话题的结构与功能 [M]. 上海：上海教育出版社，1998.

75. 徐烈炯. 焦点的不同概念及其在汉语中的表现形式 [J]. 现代中国语研究，2001，（3）：1-22.

76. 徐世荣. 意群重音和语法的关系 [J]. 中国语文，1961，（5）：27-29.

77. 许洁萍，贺琳，初敏等. 汉语语句重音的声学表现 [A]. 吕士楠等编. 现代语音学论文集 [C]. 北京：金城出版社，1999：105-108.

78. 杨立明. 语句重音声学特征初探 [J]. 中国语学，1993，240：1-10.

79. 杨雪，祖涛. 浅谈"重音"在播音表达中的重要意义 [J]. 黑河学刊，2009，（8）：54.

80. 杨玉芳. 语句重音分布模式知觉 [J]. 心理学报，1996，28（3）：225-231.

81. 杨玉芳，黄贤军，高路. 韵律特征研究 [J]. 心理科学进展，2006，14（4）：546-550.

82. 叶军. 汉语语句韵律的语法功能 [M]. 上海：华东师范大学出版社，2001.

83. 袁毓林. 句子的焦点结构及其对语义解释的影响 [J]. 当代语言学，2003，5（4）：323-338.

84. 袁毓林. 试析"连"字句的信息结构特点 [J]. 语言科学，2006，5（2）：14-28.

85. 张克定. 预设·调核·焦点 [J]. 外语学刊，1999，（4）：22-26.

86. 张颂主编. 中国播音学 [M]. 北京：北京广播学院出版社，1994：287-288.

87. 张颂. 播音创作基础 [M]. 北京：北京广播学院出版社，1990：85-94.

88. 赵建军，杨晓虹，杨玉芳等. 音高和时长在语篇语句重音中的作用 [J]. 声学学报，2011，36（4）：435-444.

89. 赵元任. 汉语口语语法 [M]. 北京：商务印书馆，1979.

90. Austin, J.L. How to do things with words[M]. Oxford University Press, 1962.

91. Bach, K. Impliciture vs. Explicature: What's the difference?[A] The Granada workshop on "Explicit Communication", in honor of Robyn Carston[C]. May 31-June 2, 2006.

92. Banziger, T., Scherer, K. R. The role of intonation in emotional expressions[J]. Speech Communication, 2005, 46: 252-267.

93. Beaver, D., Velleman, D. The communicative significance of primary and secondary

accents[J]. Lingua, 2011, 121: 1671-1692.

94.Besson, M., Magne,C. & Schön, D. Emotional prosody:sex differences in sensitivity to speech melody[J]. Trends in Cognitive Sciences, 2002, 6: 405-407.

95.Birch, S., Clifton, C.E. Focus, Accent and Argument Structure: Effect on Language Comprehension[J]. Language and Speech, 1995, 38.

96.Blakemore, D. Semantic Constraints on Relevance[M]. Oxford: Blackwell, 1987.

97.Blakemore, D. Understanding utterances[M]. Oxford: Blackwell, 1992.

98.Blakemore, D. Procedures and indicators: "nevertheless" and "but" [J]. Journal of Linguistics. 2000, 36(3): 463-486.

99.Blakemore, D. Relevance and linguistic meaning[M]. Cambridge: Cambridge University Press, 2002.

100.Blakemore, D. Re-visiting procedural meaning:"but", "however" & "nevertheless"[A]. Paper delivered at Georgetown University. sws1.bu.edu[C], 2003.

101.Bock, J. K., Mazella, J. R. Intonational Marking of Given and New Information: Some Consequences for Comprehension[J]. Memory & Cognition. 1983, 11.

102.Bolinger, D. Accent is predictable (if you're a mind reader) [J]. Language, 1972, 48.

103.Bratman, M. Intention, Plans, and Practical Reasoning[M]. Harvard University Press, Cambridge, MA. 1987.

104.Carston, R. Relevance theory and the saying/implicating distinction[A]. In L. Horn and G. Ward (Eds.). The Handbook of Pragmatics[C]. Oxford: Blackwell. 2004: 633-656.

105.Chafe, W. Givenness, contrastiveness, definiteness, subjects, topics, and point of view[A]. In: C. Li (Ed.). Subject and Topic[C]. New York: Academic Press, 1976: 25-55.

106.Chafe, W. Discourse: Consciousness and Time[M]. Chicago: The University of Chicago Press, 1994.

107.Chomsky, N., Morris Halle. The Sound Pattern of English[M]. New York: Harper & Row, 1968.

108.Chomsky, N. Deep structure, surface structure, and semantic interpretation[A]. In D. D. Steinberg and L. A. Jacobovits (Eds.). Semantics: An Interdisciplinary Reader in Philosophy[C]. Cambridge: Cambridge University Press, 1972.

109.Cruttenden, Alan. Intonation (2nd) [M]. Beijing: Beijing University Press, 2002:141-142.

110.Cutler, A., Fodor, J. A. Semantic Focus and Sentence Comprehension[J]. Cognition, 1979, 7: 49-59.

111.Dahan, D., Tanenhause, M.K. & Chamber, C.G. Accent and referent resolution in spoken-language comprehension[J]. Journal of Memory and Language, 2002, 47: 292-314.

112.Dik, S. C. The Theory of Functional Grammar[M]. Berlin, New York: Mouton de Gruyter. 1997.

113.Donselaar, W., Lentz, J. The Function of Sentence Accents and Given/New Information in Speech Processing: Different Strategies for Normal-Hearing and Hearing-Impaired Listeners [J]. Language and Speech, 1994, 37: 375-391.

114.Erteschik-Shir, N. Information Structure: The Syntax-Discourse Interface[M]. Oxford University Press, 2007.

115.Firbas, J. Functional Sentence Perspective in Written and Spoken Communication[M]. Beijing: World Publishing House. 2007.

116.Fetzer, A. Micro situations and macro structures: natural-language communication and context[J]. Foundations of Science. 2002, 7: 255-291.

117.Fretheim, T. Intonational phrases and syntactic focus domains[A]. In: Levels of Linguistic Adaptation. (Eds.) J. Verschueren and M. Bertuccelli-Papi[C]. Amsterdam: John Benjamins. 1991: 533-546.

118.Fretheim, T. The effect of intonation on a type of scalar implicature[J]. Journal of Pragmatics.1992, 18: 1-30.

119.Fretheim, T. The accent parameter and the cognitive status of discourse referents[A]. In: Proceedings of the XIVth Scandinavian Conference of Linguistics. (Eds.) J. Allwood et al. [C], 1994: 95-107.

120.Fretheim, T. Accessing contexts with intonation[A]. In: Reference and Referent Accessibility. (Eds). T. Fretheim and J.K. Gundel[C]. Amsterdam: John Benjamins.1996: 89-112.

121.Fretheim, T. Intonation and the procedural encoding of attributed thoughts: "The case of Norwegian negative interrogatives"[A]. In: Current Issues in Relevance Theory. (Eds.) V. Rouchota and A. Jucker[C]. Amsterdam: John Benjamins.1998: 205-236.

122.Fretheim, T. Information structure as context building: Evidence from Norwegian intonation[A]. Paper delivered at PRAGMA[C]. Tel Aviv. 1999.

123.Fretheim, T. Intonation as a constraint on inferential processing[A]. Paper delivered at Speech Prosody 2002. An International Conference[C]. France, 2002.

124.Fretheim, T. The metarepresentational use of main clause phenomena in embedded clauses[J]. Linguistics. 2010, 48(2): 301-324.

125. Grice, H. P. Meaning[J]. The Philosophical Review. 1957, 67: 377-388.

126. Grice, H. P. Utterer's meaning and intentions[J]. Philosophical Review. 1969, 78:147-177.

127. Grice, H.P. Intention and Uncertainty[J]. Proceedings of the British Academy. 1971, 57: 263-279.

128. Grice, H.P. Logic and Conversation[A]. In Cole & Morgan (Eds.). Syntax and Semantics, Vol.3: Speech Acts[C]. New York: Academic Press, 1975.

129. Grice, H. P. Meaning revisited[A]. In: N. V. Smith (Ed.). Mutual Knowledge[C]. Academic Press, London, 1982.

130. Grice, H. P. Studies in the Way of Words[M]. Harvard University Press, Cambridge MA. 1989.

131. Gundel, J.K. Different Kinds of Focus[A]. In Bosch, Peter & Rob ban der Sandt (Eds.). Focus: Linguistic, Cognitive, and Computational Perspectives[C]. New York : Cambridge University Press, 1999: 293-305.

132. Gussenhoven, C. Focus, mode, and the nucleus[J]. Journal of Linguistics. 1983, 19.

133. Gussenhoven, C. Sentence accents and argument structure[A].In I. M. Roca (Eds.). Thematic Structure: Its Role in Grammar[C]. Berlin, New York: Foris, 1992: 79-106.

134. Halliday, M. A. K. Notes on transitivity and theme in English (Part II) [J]. Journal of Linguistics, 1967, 3.

135. Halliday, M. A. K & Matthissen,C. An Introduction to Functional Grammar(2nd) [M]. London: Edward Arnold, 1994.

136. Haugh, M. The place of intention in the interactional achievement of implicature[A]. In: Intention, Common Ground and the Egocentric Speaker-Hearer. (Eds.) I. Kecskes and J. Mey[C]. Berlin: Mouton de Gruyter, 2008: 45-86.

137. Haugh, M., Jaszczolt, K.M. Speaker intentions and intentionality[A]. In: The Cambridge Handbook of Pragmatics. Eds. K. Allan and K. Jaszczolt[C]. Cambridge: Cambridge University Press, 2012: 87-112.

138. Hirschberg, J. Pitch Accent in Context: Predicting Intonational Prominence from Text[J]. Artificial Intelligence. 1993, 63:305-340.

139. House, J. The relevance of intonation?[A] UCL Working Papers in Linguistics[C], 1989, 1: 3-17.

140. House, J. Constructing a context with intonation[J]. Journal of Pragmatics. 2006,38(10): 1542-1558.

141.House, J. Intonation structures and pragmatic interpretation[A].In: Studies in the Pronunciation of English. (Ed). S. Ramsaran[C]. London: Routledge, 1990: 38-57.

142.House, J. The role of prosody in contrasting contextual selection: A procedural approach[A]. Paper delivered at Symposium International sur les Interfaces Discours-Prosodie[C]. Geneve, September. 2007a.

143.House, J. The contribution of intonation to the construction of context and discourse in a co-operative task: The map task[A]. Paper delivered at The 10th International Pragmatics Conference[C]. Göteborg. 2007b.

144.Jacobs, J. Integration[A]. In M. Reis (Ed.). Wortstellung und Informationsstruktur [C]. Tübingen: Niemeyer. 1993: 64-116.

145.Jackendoff, R. S. Semantic Interpretation in Generative Grammar[M]. Cambridge Mass.: M. I.T. Press, 1972.

146.Jaszczolt, K.M. Discourse, Beliefs and Intentions[M]. Amsterdam: Elsevier. 1999.

147.Juslin, P. N. & Scherer, K.R. Speech emotion analysis[J]. Scholarpedia. 2008, 3 (10): 4240.

148.Lambrecht, K. Information Structure and Sentence Form[M]. Cambridge: Cambridge University Press, 1994.

149.Langacker, R.W. Foundations of Cognitive Grammar. Vol.I Theoretical Prerequisites[M]. Beijing: Beijing University Press, 2004a.

150.Langacker, R.W. Foundations of Cognitive Grammar. Vol. II Descriptive Application[M].Beijing: Beijing University Press, 2004b.

151.Leech, G. Semantics: The Study of Meaning (2nd edition) [M]. Bungay, Suffolk: Richard Clay Ltd, 1981.

152.Marmaridou, Sophia, S. A. Pragmatic Meaning and Cognition[M]. Amsterdam: John Benjamins, 2000.

153.Newman, S. On the stress systems of English[J]. Word, 1946, 2.

154.Paeschke, A., Kienast, M. & Sendlmeier, W. F. F0-contours in emotional speech[J]. Proceedings of the ICPhS, San Francisco, 1999, 2: 929-931.

155.Prince, E. On the syntactic marking of presupposed open propositions[A]. Parasession papers. CLS 22[C], 1986: 208-222.

156.Reeves, B., Nass, C. The Media Equation[A]. Center for the Study of Language and Information[C]. Stanford University, 1996.

157.Rochemont, M. Focus in generative grammar[M]. Amsterdam: John

Benjamins. 1986.

158.Ruhi, S. Conceptualizing face and relational work in (im)politeness: Revelations from politeness lexemes and idioms in Turkish[J]. Journal of Pragmatics. 2007, 39: 681-711.

159.Shibatani, M. Passives and Related Constructions[J]. Language, 1985, 61: 832.

160.Schirmer, A., Kotz, S. A. Beyond the right hemisphere: brain mechanisms mediating vocal emotional processing[J]. TRENDS in Cognitive Sciences, 2006, 10(1): 24-30.

161.Schwarzschild, R. GIVENness, A voidF and other Constraints on the Placement of Accent[J]. Natural Language Semantics, 1999, 7:141-177.

162.Searle, J. R. Speech Acts[M]. Cambridge: Cambridge University Press, 1969.

163.Searle, J. R. Intentionality: An essay in the philosophy of mind[M]. Cambridge: Cambridge University Press, 1983.

164.Searle, J. R. Response: The background of intentionality and action[A]. John Searle and his critics[C]. Blackwell, Oxford, 1991.

165.Searle, J. R. The Rediscovery of the Mind[M]. MIT press, 1992.

166.Selkirk, E. Phonology and Syntax: The Relation between Sound and Structure[M]. Cambridge: MIT Press, 1984.

167.Selkirk, E. Sentence Prosody: Intonation, stress, and phrasing[A]. In J. Goldsmith(Ed.). Handbook of Phonological Theory[C]. London: Blackwell. 1995: 550-569.

168.Sperber, Dan. Metarepresentation[A]. Lectures at the London School of Economics[C], 2000a.

169.Sperber, Dan. Metarepresentations in an evolutionary perspective[A]. In: Sperber, D. (Ed.). Metarepresentations: An Interdisciplinary Perspective[C]. New York: Oxford University Press, 2000b: 117-137.

170.Sperber, D., Wilson, D. Relevance: communication and cognition[M]. Oxford: Blackwell. 1986.

171.Sperber, D., Wilson, D. Relevance: communication and cognition. (2nd edition)[M]. Oxford: Blackwell,1995.

172.Taillard, M.O. Beyond communicative intention[A]. UCL Working Papers in Linguistics[C], 2002, 14: 189-207.

173.Talmy, L. Toward a Cognitie Semantics[M]. Cambridge: MIT Press, 2000.

174.Tirassa, M. Communicative Competence and the Architecture of the Mind/Brain[J]. Brain and Language. 1999, 68: 419-441.

175.Terken,J., Nooteboom, S.C. Opposite Effects of Accentuation and Deaccentuation on Verfication Latencies for Given and New Information[J]. Language and Cognitive Processes, 1987, 2: 145-163.

176.Van Dijk, T. A. Text and Context[M]. London:Longman, 1977,56（21）:144-146.

177.Van Valin & Lapolla. Syntax: Structure, Meaning and Function[M]. Beijing: Beijing University Press, 2002.

178.Wieke Eefting. The effect of accentuation and word duration on the naturalness of speech[J]. Acoust Soc Am. 1992, 91(l): 411-420.

179.William. P. Needham. Semantic structure, information structure, and information in discourse production[J]. Journal of Memory and Language, 1990, 29: 455-468.

180.Wilson, D., Wharton, T. Relevance and prosody[J]. Journal of Pragmatics. 2006, 38(10): 1559-1579.

附录（一）
"异地高考可行吗"文稿重音标注

小片：2011年11月29日，部分非京籍随迁子女家长提出随迁子女输入地高考方案，**建议**以学籍为准，实现异地高考，从学籍时间**有效性**等进行限制。

消息一出，让近年来广受关注的随迁子女高考问题，**再次**引发激烈的争议。

第六次人口普查结果显示，中国现有两点二亿人迁居异地工作和生活。

2010年，进城务工人员随迁子女在流入地小学和初中就学的人数已经达到九百九十七点一万。

然而，孩子不回家读初三参加中考，将**不能**在户籍所在地获得**学籍**，也就**不能**参加4年后的高考。

如果选择回去，就必须承受至少**4年**的骨肉分离生活，留守儿童问题随之凸显。

若举家回迁，工作难找，全家生活又成问题。

如实现异地高考，**自然**能让他们后顾无忧。

但**反对**者认为，哪怕设置**再**严苛的异地高考门槛，违规流动的高考移民都会不惜**一切**代价让孩子流动到选择机会更大也更多的地方。

这样，**不仅**大城市人口控制的问题会雪上加霜，而且还会引发更大的不公平。

那么，以**学籍**为指标，放开异地高考**究竟**是否可行呢？

主持人：观众朋友，大家好，欢迎来到财经辩论节目《对手》，我是王凯。

嗯，刚刚大家看了小片啊，我国现有的高考制度规定，如果您要报名参加高考，必须在户籍所在地。

但是，现在随着这个流动人口越来越多，城市移民越来越多，**很多**家庭为此是**相当**困扰。

孩子到底应该在哪儿考试

于是呢，有家长就提出了应该以**学籍**为标准，让孩子可以在异地参加高考。

那么，这种方式到底可行**不**可行，这就是我们今天要辩论的**最**关键的话题。

感谢我们的媒体观察团的进入，如果您在场外，有观点想和我们**一起**探讨的话呢，您可以登录联通沃门户：www.wo.com.cn，把您的观点输送到现场来。

好。我现在为大家介绍一下到场的各位嘉宾。

首先，掌声欢迎中国教育科学院研究人员**郭元婕**女士。

元婕怎么看待这个问题？

郭：我认为**放**开异地高考势在必行。

主：嗯，好，谢谢，谢谢。咱们这边呢是媒体评论员朱煦先生。怎么看？

朱：当以学籍来核准高考地，其实并不是要解决能不能在北京考试，而是要去**谋求要**到北京去考试。

主：噢，这好像是**动机**不一样，是吗？

朱：对。

主：好。学生家长**谭玉红**女士。

谭：我**认为**放开异地高考是可行的，至少是体现了教育公平的理念。

主：嗯，好。谢谢，谢谢。第四位嘉宾，掌声欢迎**赢鼎教育董事长、总裁王海涛**。

王：如果以学籍代替户籍的话，高考将会成为**富人**的游戏，会增加**更**多的不稳定因素，对社会来讲。

主：嗯，好。谢谢，谢谢，谢谢。 嗯，照例呢，我们请红蓝双方分别阐述一下观点。我特别想请这个谭女士先阐述一下自己的观点。

谭：我孩子呢是出生在北京，在北京长大。

是因为不能在北京高考，所以呢在今年参加中考的前后，我做出了今生**最艰难**、**最痛苦**的抉择。

一共有三道门槛卡在我们面前：第一道呢是户籍，第二道是学籍，第三道是教材和考试科目的不统一。

每一道槛儿都是难以逾越的，无论怎么选择都是错误的，是政策早已经注定的。

所以说，现在孩子虽然在北京上高一了，但他只是一个黑户学生。

无论在北京还是在户籍地，都没有学籍。

将来高考呢只能按社会招生来报名，但是**社会**考生呢又不能参加公安、军队、国防等类学校的招生，**也不**能参加全国一百多所名牌大学的自主招生。

即使是同等的分数呢，也会优先选择有学籍的**应届**毕业生。

而我儿子呢本来他**就**是一个应届毕业生。**是政策**使他变成了一个社会招生。

所以说，我觉得现在的这个高考政策，就像是给北京的孩子多了一双隐形的**翅膀**，而把外地孩子这个稚嫩的翅膀**残酷**地、无情地给折断了。

所以我觉得**非常**地不公平。

我希望这个方案能早日实施，**救救**孩子们吧。

主：嗯，好，谢谢，谢谢，谢谢。元婕有什么补充？

郭：我是很赞同她的一些表达的。

我们现在随着国家的这个经济社会的发展，那么，**户籍**制度到底对我们国家这个人口的管理和社会的经济政治的发展是**促进**作用还是制约作用呢？

现在已经有了一个在我们国家经济发展转型期的一个矛盾出现了。

所以，我是很**赞成**就是说把异地高考放开。

但是也是要逐步地放开，要有条件的这个**限制**，让它**稳稳当当**地发展下去。

这样就是说以学籍代替户籍，这是一个很好的措施。

主：嗯，好。谢谢元婕，谢谢。我们听听蓝方的观点，朱煦。

朱：其实在谈今天这个问题的时候，我只能让自己更加残酷一点，因为我接下来要打两个比方，或者举两个**例子**。

第一个，**如果**说谭女士，她的孩子是拥有北京户籍，而她的工作地点是在**郑州**，或者是安徽的合肥，或者是山东的济南，在**这个**时候，我不知道她**会不会**考虑一定要骨肉分离，让孩子在**北京**读书，而不去郑州、不去济南、不去合肥。

她不会去**谋求**说，我一定要异地高考，这是第一个例子。

第二一个例子，刚才郭元婕也讲到就是说要公平，我们注意我们今天讨论的不是一家一户的公平，是整个中国高考的公平。

我们**设想**一下，如果中国的高考在**现在**的格局下，如果我们把它放开，把学籍放开，就是说大家拿着学籍就可以，那么，**会不会**出现，我们**不说**北上广，我们**就说**刚才那几个地方，河南、山东、安徽的考生，都到哪里去考呢，到**西宁**去考，因为孩子在西宁考试是会更好的。

如果是**那样**的话，我相信对我们至少欠发达地区产生那种巨大的冲击是**不可想象**的。因为**那个**时候，对**这些**地区考生它的公平又何在？

主：嗯，好。谢谢，谢谢。海涛的补充。

王：这些年我已接触到**上万名**的高考这个报考的学生。

我们服务他们的时候，我会发现有一种操作手段，也就是说很多在北京这样北上广这样的学生的家长，他愿意让他的（学生）孩子到**外地**去上高中，而**回到**北上广这儿来高考。

主：为什么？

因为在当地的对于**分**数的训练的话，他们相对来说，要比北京地区相对好一些。然后反过来，回到北上广城市高考的话，大概能提高**一百**多分。

那**这**样的话，是很多家长的选择。

那就是说导致于北上广这样的城市，它对高考是有一定的**优势**的。

第二个观点，

如果放开学籍来讲，我刚才说的一句话就是说，它可能会带来成为**富人**游戏。

如果说北上广的学籍一旦放开，我们说三年也好、四年也好，这个三年到四年，开放了以后来讲的情况下，由于它目前的利益驱动来讲的话，**大批量**的考生会聚集到这个地方。

那就导致于很多这个地方的学籍的**入学难**就更加加剧。

那这样的话，就带来**更多**的不公平。

主：嗯，好，谢谢，谢谢，谢谢海涛。双方在阐述观点的时候，我觉得其实都在说两个字：**公平**。$1^1 + 1^2 = 2$

我们就在**第一轮**的自由辩论的时候，好好探讨探讨"公平"二字，好不好？

现有的这个**不**开放学籍的高考制度，你们还认为有**哪些**的不公平？

郭：第一个不公平呢就是说像刚才的王海涛老师说的，我们现在北京占有了很多优质的资源。

不仅是北京，上海、广州这些**经济发达**的地区和**先**走一步的地区。

那么，他们占有了**很大**的这个教育的投入，而且还有很优秀的师资，有很好的教育设备，那么也有很好的国际视野。

在这种情况下，就像王老师说的，那么我们在高考的分数上，还要比异地录取分数**低**，那么我们是不是一种**优势**保护和**优势**倾斜？

第二个问题呢就是说，

刚才那个朱老师也说过，**如果**我反着推，我北京的考生，像王老师说的话，我到**外地**去学习，回到北京考，那么，我对北京考生是一个压迫；

也有像朱煦老师说，我到**外地**去工作，我的**子女**回来考，那么，**这也**是一个问题。

但是**这不**是对于机会公平的**根本**的一个制约因素。

为什么？

就是说，**我有没有权利**，**有没有机会**去选择，和你**给不给**我权利，**给不给**我机会去选择，这是两个概念。

朱：对，你说到了权利，我刚才还接着问你，就说**这样**的权利是不是可以不受**限制**。

比如说，我有了学籍，能不能到北京来考试。

但如果这条规矩成立的话，那就**变成**我只要有了学籍，我可以想到**任何**地方去考试。

其实，高考移民冲击的恰恰是欠发达地区。

因为我们不能单为北京、上海**设立**一个专门的政策，说北京、上海凭学籍就可以来考。

那么，我想北京、上海凭学籍来考会变成**什么**呢？这**自然**可以想象的。

就北京、上海除了大城市，除了金融中心，除了政治中心和首都之外，它们这两个城市会成为中国的考试城市、高考城市。

郭：那么为什么一定要到北上广来考呢？为什么我不能到河南郑州去考呢？

朱：对，好。你问得**非常**之好。

那么你就问问你**身边**这位家长，她**会**让她的孩子去那里考吗？

谭：我只要在哪里工作，我就让孩子在哪里考试。

朱：**如果**您在哪里工作，您的孩子就在哪里考，我现在想**假设**的是，您的孩子是**北京户口**，您还会这样选择吗？

谭：对于我这个母亲来说，我是希望孩子跟我生活在一起。

无论我在哪儿，我把孩子带在我身边，孩子跟我在一起生活，天经地义。

朱：好，您能做到。更多的家长能做到吗？

我知道我们中国的家长，其实可以做到什么呢？

让孩子去**美国**读书，从小学就出去读，**不怕**骨肉分离，**只要**能有他想象的未来。

谭：那为什么就非要来北京考呢？那还是因为**不公平**造成的吧。（不。）

我是90年来的北京。

我来北京的时候，我是来上大学来的。

我只是考虑我个人的事业和发展来的。

我当初我还根本就没结婚呢。

我怎么能想到我要来讨便宜来了呢？（没有。）

朱：我也想讨这个便宜。这对于每个家庭来讲，对于每个人来讲，这个很正常。

但是，问题的关键在于哪里呢？

我们今天讨论的是**如果**把（户籍）学籍放开，大家可以拿着学籍，想到哪儿去考就到哪儿去考。

如果**这个**是可以**成立**的话，注意，这个是可以成立的话，那它带来的不是您一个家庭。

大家每个家庭的选择，它**一定**要瞄着一个事情，就是录取率高。

北京的录取率很明显，**80%** 的录取率，其他的地方 50%、**60%**。

主：您千万不要用仇恨的眼神去看着他，他不是说**您要**讨便宜。

他是说这个政策如果执行的话，怕有很多家庭会为了这个去讨便宜。是这个意思吧？

主：台下有很多举牌的啊。这位，

家长：我们是支持异地高考，但是**反对**高考移民的投机行为。那么用什么来解决呢？就是用这个学籍的连续性和**父母**工作地这个双重认定。

第二个问题，您讲的如果说是我的孩子在河南的话，我在河南的话，我带我的孩子在河南，会不会让他在河南考试，我相信我**一定会**。

因为他从小长大，他跟着我是最阳光的，他是**最**优秀的。

那么，实际上，您说的是一个教育洼地的问题。

教育洼地，在北京、上海，存在着严重的教育洼地现象，**这就是一种不公平**。

那么我们**如果**把这个洼地填平以后，还会有这种流动吗？（对。）

填平这个教育洼地难道不是一种**教育的进步**吗？（是。没有问题。）

第三个问题，关于就是王老师说的这个富人的游戏的问题。

从我们的统计数据上来说，北京现在是**学校**在压缩。那么，这个富人游戏是什么呢？实际上是一种假象，

就是因为**择校**现象的存在才造成了现在北京教育的富人游戏的假象。好，谢谢。

主：好，谢谢，谢谢，谢谢。

王：他对于这个会不会成为富人的游戏，这个问题**现在**你调研，我认为现在在什么前提下，是户籍就学籍没有放开。

如果在北京连续三年以上的或者连续四年以上的，它就放开的情况下，我相信会**大**批量地聚集。

包括这个谭女士，我们**特别**理解，从感情上，从方方面面，我和朱老师都特别理解。

我们也这个非常之同情，就是目前孩子所处的状态。

但是大家想一想，从大学毕业到现在为止，我接手的高考的服务人员，我超过**过万人**，甚至达到可能甚至两三万人，那我遇到的**所有的**（高）有北京学籍或者上海学籍的**都**要回到本地去考。

我问他为什么，就那里好招。

朱：我也想和今天在座的家长来问一个问题。

大家觉得在**今天**我们的中国**有没有**可能实现，我们只要拿着学籍，说我高中毕业了，**我想去哪儿考就去哪儿考**，**做得到**吗？

如果我是云南的考生，如果我是**贵州**的考生，如果我是西藏的考生，我是宁夏

的考生，你会怎么想？

这个问题谁能回答我？

郭：我来回答你，朱老师。我拿着我的这个毕业证啊，我可以到任何一个地区考，这个可不可以实现，为什么一定不能实现呢？

朱：对啊，那我就问你啊，就是我刚才提到的，高考大省全部拿着学籍去刚才我讲的那些欠发达地区考，你觉得会是一个什么结果。

郭：我觉得结果就是将来大家都不去那儿考。

朱：为什么？

郭：因为它所提供的服务和它拥有的资源已经和各地没有什么差别了。

朱：欠发达地区的学生就根本没大学上了。

郭：不对，不对。这个不对。而是我到北京来考和到外地来考机会已经是均等了。换句话来说，北京优质的教育资源，在外地的考生不断地涌入的过程中，会把教育资源拉平。 机会均等。

朱：你是靠考生大家满处去跑拉平的。

那么你拿着这个学籍满处去考，它只能把在这样一个格局下的原来的所谓的不平衡换成新的不平衡。

谭：朱老师，您刚才说这个老少边穷地区，无论怎么保护，这个都是不为过的。

我觉得欠发达地区那几个老少边穷地区可以，也许可以特殊地去照顾，但是不要把（两极）两端都来照顾，而中间我们这些就不要考虑了，我们就应该牺牲。

朱：您刚才讲到，就是说老少边穷地区应该成为特区，

也就是说，您也承认在他们那里不能实现学籍，就您所说的学籍，只要有学籍就能考，是吧？（对。）

对，是不能实现的，应该他们为特区。然后您认为在北上广呢就应该实现，因为北上广现在的资源是更丰富了。

但是，北上广一打开以后，按照刚才这位先生提到的说三年到四年的时间，他说有两个指标，是有限制的。

注意啊，你们刚才提到的是工作年限，对吧，学生在学时间，四年或者是五年这样一个长度。

那么，这样五年和四年的长度拿什么来鉴别呢，学籍证明、社保、上税证明，是吧？我可以真的是很明确地告诉你，其实是非常非常容易做到的。注意啊，是做到的。当容易做到的时候，是用什么力量来做到的？

刚才王先生已经、王老师已经讲到了，就是说钱的力量很重要。

那么，都能做到的时候，大家都来的时候，北京现在的是 7 万多人考试，80%

的录取率，那么最后它会被稀释到多少呢？40%和30%。

郭：您觉得这个稀释不好吗？

朱：我觉得这个稀释一点问题都没有，因为北京不怕稀释。

北京的孩子有很多都去国外读书去了。

这个不是我们今天要讨论的最重要的。

郭：不是，而是说……

朱：最重要的是什么呢？

郭：这个是要讨论的问题，朱老师。

因为稀释了以后就会什么呀，会大家在高考录取的时候机会是平等的。

王：这个稀释不是一个数量级的稀释。

高考问题我走过一百多个城市，就见过无数多的家长。

也就是说，当如果有这样一个机会的情况下，包括现在我们有的城市就是打出来，如果你买房可以赠户口的情况下，家长愿意花几十万买这个户口。

也就是说当你把北京放开以后，全（国）各地来讲，我们看到太多有经济能力的人，他们都跟我在说，说海涛有没有方法，去可以到北京去考试，有没有方法去可以到天津，可以到上海这样去，如果去的话，我们绝对去的。

因为你想想，一个孩子，愿意把孩子放到国外去，更何况北京和上海呢。

只要对孩子的前程好，他们都愿意去做。

这是我所讲的第一个问题。

郭：这有什么问题呢？

王：对呀，第一个问题就来了。

那如果说我们大家，都往这儿聚的情况下，那我们就说就像朱老师说，北京、上海就成为高考城市了。

主：台下有很多举牌的啊。这位，

观众：我还是比较支持蓝方。

因为一面是感性，一面是理性，可是我还是选择了理性。因为我们也是参加过、经过高考走到今天的大学生。

大家都是，这些家长，我的叔叔、阿姨们，你们是在北京工作的，而你们有没有想过，比如说我们家长，他们在外地，但是他们羡慕北京的这个资源，他们把我送到了北京来学习。

但是他们，我觉得我的父母会在，比如说为了学籍，他会在初中甚至小学的时候就把我来送到北京来读书。

为了这个教育资源，我的父母会做到的。

主：好。谢谢，谢谢，谢谢。其实还有很多朋友举起牌子，告诉我他想发言。

有一个人我一定要让他发言，一张年轻的面孔，我知道他是场上谭女士的儿子。把话筒传一下，谢谢。

谭儿：我呢，也是一位外地考生。

刚才我的母亲也介绍了我现在这个情况。

我现在就想讲一个我小时候的故事。

就是在我上小学的时候，有一个女同学跟我关系非常好。

她的成绩呢也非常好。

但是呢后来，因为她跟我是老乡，她也是山西人。

后来因为户籍的问题，她就回到山西了。

回到山西以后呢，她一直无法适应山西的生活，就在那儿一直每天以泪洗面，非常难过。

后来呢她实在是无法接受那边的生活环境，哭着喊着要回来。

后来，爸爸妈妈就把她接回到了北京。

再后来当我再见到她的时候，发现她已经不是原来的她了。

她已经误入歧途了。

她已经不像原来那么天真烂漫了。

所以说，我觉得我很庆幸。

我没有像她那样误入歧途。

我选择了留在北京。

现在我就面临着这么一种情况。

我想问一问专家，我该怎么办？

我现在就是这么一种情况，我活生生地站在这里，我该怎么办？

请您回答。

王：好。我来回答这个小同学的问题。

我特别能理解，我也希望在场下我可以帮助到你，但是我要了解一个问题，如果这个女孩子她生下来就在她所在家乡的情况下，她回去还要不要有适应？

那时候她如果再回到北京，她就会认为很幸福。

你回到你老家去看看，那些孩子，你再看看他们的时候，对于你来讲的话，你对于他们来说，是又一个不公平。

郭：我这个不同意，王海涛。

第一个，我们这些广大的进城务工人员，不管他是高端的知识分子，还是低端的就是说，从事底线工作的人，但是我可以说，他们不是因为户籍而选择工作，是因为工作机会来选择工作。

第二个，我也想说，我们的很多的学生啊，随迁子女的，随迁子女，**不是因为户籍**而选择学校，而是因为什么，而是因为教育和生活的**环境**而选择所在的地域上学。

主：**这样**，咱们看看场外联通沃门户上有什么样的观点，一起来看。

楚天阔的微博说，对于高考而言，户口问题不应该再成为障碍。

长期以来，外来务工人员的子女参加当地高考的问题，一直未得到**有效**地解决。

由于当地的**各地**的这个教育背景不同，课程设置不同，使得回原籍参加高考的外来人员子女非常不适应。

探讨的还是一个**适应**的问题，公平的问题啊。

我们探讨公平，嗯，其实我们担心的是怕**一种**公平打破**另外**一种公平，是吧？**到底什么**是公平，**真**的要仔细去思考。

那么**抛去**公平，**如果**这个制度**可以**去实现的话，它的**可行性**到底在哪里？可行性到底有**多高**？广告之后继续探讨。

好，广告之后欢迎回到《对手》的辩论现场。

我们现在探讨的是以**学籍**为标准，放开异地高考**可不可行**。

刚刚探讨的是公平问题，我们现在模拟一下，**如果**这种制度可以执行的话，**可行吗？可行吗**？

朱：非常不可行。

主：**哪里最**不可行？

朱：对，首先就是说，我们现在的学籍制度本身严密吗？

我们现在所谓的就是说工作制度，就是工作的记录制度严密吗？

当这两个最重要的指标作为方案提出来讲，**最**重要的指标都**不够严密**，何以来操作呢？

主：嗯，我特别想知道这个**如果**在异地获得一个学籍的话，我们需要做哪些工作？谭女士一定很……

谭：对。如果是我孩子现在不是没有学籍嘛，

如果说我想让他现在有这个学籍，我是无论如何也做不到。

如果能做到的话，我明天立马就去做。

因为他没有在山西参加中考，**所以说**他就没有这个高中的学籍。

主：嗯，如果孩子想在北京**拥有**学籍的话，有可能吗？目前……

谭：没可能。

主：现在没有可能。

谭：没有可能。

户籍地不给，要我们在那儿上学才有学籍。

而我们在北京呢，（既然在这里上学）但是呢我们没有**户籍**，所以也不能……

朱：我理解你说的一点都没有错呀，就是说我没有任何的北京户籍，我**只要**在北京上学，我就**当然**应该拥有北京户籍，北京学籍，对吧？

因此有了**这样的**一个前提，那么这个方案才有可以实现的基础。

那么实际上问题不是说有北京学籍就可以高考，而是说只要在北京**上学**，就可以拥有北京学籍。

主：**只要**我上一个北京（学校）**学校**，（我就有北京学籍），这就**值钱**了。

王：最后平衡什么？最后平衡的就是说你谁有资源，谁有钱谁就能上**更**好的学校。

郭：不是这样子的。实际上这只是一个程序化的问题。（对对对）。

因为我们这个只要在这儿上学，我们就**可以**给他建立学籍，是现在是说我们**不肯**给他建学籍。

朱：我们作为在这儿**讨论**，谁都可以说**谁想**上北京来读书，对吧，我们就给他学籍。

我们北京有一万所学校，我们可以装几十万、上百万的学生，你**只要**来读书我们就给你学籍。

郭：可是，**读书**这里有一条，不是你来读我就让你读的。

朱：那是什么？

郭：**随迁子女**入学的话，到北京是要**五证**齐全的。

所以**能够**进来读书的话，**一定**是在北京**踏踏实实**为北京做贡献的人。

朱：对，踏踏实实为北京做贡献的人。

我在北京，我在北京做环卫工人，

我做了五年了，可不可以？

郭：可以。

朱：可以，是吧？

郭：当然可以。

朱：**你怎么能**知道北京在北京做环卫工人？

郭：**谁聘**你做环卫工人呢？（啊？）

谁聘你做环卫工人谁要给你出具证据呢。

朱：我只要档案记录有就可以。

郭：不对。这个得是档案记录。**谁给**你记录啊？

朱：**这只是你想**的不对，但是它可以**实现**。

郭：你**这个**很，你**这个**很奇怪。没有人聘你你却有档案记录。

朱：我**当然**可**以**有了。有专门的公司来可以实现这个。

郭：哎，对。一定有聘方。

朱：对，（对），**这个公司**它可以做成**空壳**公司。

郭：噢，你这个是属于违法操作。

朱：不是违法操作，一定是合法操作。

只要你有这样的制度，它就是合法操作。

郭：**如果**说是违反公序良俗的商业行为都是违法的。

朱：没有违反公序良俗，完全按照劳动合同法。

主：我们听听媒体观察团。来，中华工商时报

观察团：在我们充分考虑到母爱和父爱的伟大的情况下，

也同时要**充分**考虑到我们城乡差异以及地区发展、经济发展不平衡的情况下，

怎么使得我们的教育资源相对公平？

朱：其实在今天的中国的高考，我们把欠发达地区放在特区的位置上不考虑，其他的地区我们放在一大块的话，只需解决一件事情。

什么事情？就是让中国的**剩**下来这些地区的所有的录取率趋于平衡，而不是**80%** 对 **50%**。

怎么来实现？我们现在有**极高**的信息化技术。

这两天北京就在考试，就在报名了。

高考报名每年有多少人报名是**非常**容易知道的。

按照报名人数投放录取份额和录取数额，还要包括最著名学校的投放比例。

不许向，注意啊，是**不许向**传统的优势地区倾斜。

比如有些学校，**很著名**很著名的学校，它在当地招**50%**的份额，**道理**何在？

把**这**个问题解决，我们今天所有的讨论都**归零**。

主：我一瞬间我觉得特别感动。

是因为很多家长在你一说话的时候，一直在举反对牌。

但是在你说了**这**一番话的时候，我看到了家长给你举支持牌。

我觉得为这种**沟通**而鼓掌吧。

谢谢，谢谢。经理人

观察团：我想请问红方那个郭元婕小姐一个问题。

就是不管是像朱老师说的是投机的那种家长，

还是说真的有实际困难的那些家长，

但他们都有一个目的，

就是肯定是想把孩子送到更好的地方去学习，

去参考高考。

那么就是**如果所有**的孩子**都**已经聚到了北上广这些就是教育条件比较好的城市，**那么**，问题就会堆积到一个终极的出口问题，

北上广到底有没有那么多的学校，

可以**接纳**这些孩子？

郭：我认为你这是提供了一个很好的问题。

她所用的一个概念，大家注意到没有，她说**所有**的人。

第一，**所有**的人可不可能都涌到北京来？

如果说我们打个比方，我们现在如果我们是孩子，我们的**父母**在当地有很稳定的工作，很好的收入，我**会不会**为了**到外地**去寻求这种教育机会放弃我现在的工作，然后我到了北京来北漂，（会，会，**一定会**）。

不对，这个**绝对**不会的，（一定会。）这个绝对不会的。

我要给家庭提供一个很稳定的环境，让他有**正常**健康成长的环境，我**不会**提供这样的机会。（我只能说你太不了解中国。）

不是不了解中国，而是我觉得你这个观点很偏激。

第二个，就是说**在北京**，**不是所有**的人**要**来就读**就**可以来就读的。

因为你必须得在北京能做出贡献，你有北京的工作。

那么有**这种五证**齐全，**才**可能外地人员在北京来怎么样，**才能**有**入学**的**机会**。

如果入学**机会**都没有，你就**不可能**存在学籍，更不可能**所有人**都来北京。

这种情况**现实**中是不存在的。

第三个，北京市现在的人口呢，也是在就是说随着我们国家计划生育，**这个儿童**呢也是数量在不断地减少，老龄化社会这个倒三角已经**慢慢**地呈现这种趋势。

实际上北京很多小学，已经**慢慢**地怎么样变成空巢了。

那么，**这样**的房子，这样的设施**为什么**不能拿出来服务其他的人群？

这就是**可以**负载的。

朱：听起来是一个特别简单的算术。

郭老师讲的意思呢就是说，北京原来有100所小学，现在学生少了，有50所学校空下来了。

所以呢现在如果说，我们把学籍放开，那么有一些家长在这边工作的，然后孩子们过来读书的，可能填这50所学校都填不满。

都填不满，啊，注意，所以，这不是一个问题，不是一个问题。

但是你有没有想过，如果**不像**你想象得那么简单，说你有50所学校，结果来了要150所学校才能装下的学生，这个时候怎么办？

郭：这个**可不可**能？50 个学校的班额会来 150 个？
朱：完全可能。
郭：**不可**能。
主：好的。你是不可能，他说可能有，咱们看看台下谁说的，是有还是没有。那位，那位女士。
家长：我们一家三口户籍都在上海，因为工作关系到北京了。
所以说孩子一直从小学一年级在北京上的，上到**初二**了。
我也担心孩子以后的**高考**问题。
2009 年吧，就是为了担心这个高考，我带着孩子回上海上了**一个月**。
然后上了一个月，后来就是两地分居，孩子也受不了这种两地分居，我和夫妻也受不了，然后又把孩子从上海带回北京。
因为上海和北京的教学资源咱们都知道**差**不多是不是。
我觉得那个朱老师啊，我想说你一句。
其实我们好多家长并不是带着**动机**到北京来、到上海来，占有它的**优秀**资源。
朱：你刚才说的我很理解。
我也回答你，我也回答你。我是带着动机来的。
我跟你讲，我也是个体，我也是个体。
我出生在北京，我**曾经**拥有北京户口，**因为**这个三线（建设），我跟着父母去了四川。
最后，我的户口变成了农村户口。
我是插队，然后我考上了大学，我**拥有**了城市户口。
大学毕业呢我分回到了北京。
但是我**真的**不愿意来，我**二十**多岁了我都不愿意离开父母，我**没出息**。
因为我**不愿意**和父母分得太远。
但是我父亲对我说了一句话，他说你一定要去，你不能只为你想，你应该为你的孩子想。
我的孩子现在长大了，是因为我回到了北京，**我拥有了**北京的**户口**，**所以**他才拥有了北京的资源。
我认为带着**动机**来**没错**，**一点错**都没有。
家长：我带着孩子一直在北京上学。
为什么不让孩子回上海，**我就是不愿意**和孩子分开。（对呀。）
我是不愿意跟他分开。
朱：所以我们今天讨论的不是一个一个个案，注意，不是一个一个个案。

因为您的这个个案如果作为**制度**出现，就有很多的**不是**个案的要**借用**这个制度。

我们今天在强调，我们两个反复地在说的也是这样一个道理。

我们**并**不是说，你们一位一位**没有**道理，**太**有道理了。（朱老师。）

谁不愿意享受这个资源。

我想，我想，我非常非常想

主：他质疑的不是这个制度该不该存在，而是这个制度在**不完善**的情况之下，它不可行。

应不应该从学籍来入手，现场马上就要表决了。

每个人拿起你的表决器，支持**红方**，还是支持**蓝方**，三、二、一，请按键。

你们的表决将决定着**红方**的三位嘉宾还是**蓝方**的三位嘉宾，每人获得金立智能手机一部。

好，广告之后欢迎回到《对手》的辩论现场。

到底该不该以学籍为标准，开放异地高考呢？现在，场上有一个表决，一起来看结果。

应该开放，应该以学籍为开放，这是**现场**表决的一个结果。

啊，恭喜红方先下一城，恭喜、恭喜。

下面请上红蓝双方的第三位嘉宾。

我们一起来看看，刚刚说是该不该的问题，还有**可不可行**的问题，我们再看看时机成不成熟。好不好？

掌声请出**红方**的第三位嘉宾，媒体评论员**曹保印**，有请。

保印，你好。一句话表明观点。时机成熟吗？

曹：给**自己**多开一扇窗，就相当于给别人多开一道门。

从来不存在**能不能**开窗的问题，只存在愿不愿意的问题。

所以时机不是**有没有**的问题，而是你给不给的问题。

主：嗯，好。谢谢，谢谢。请就位。

好，有请蓝方的第三位嘉宾，公共管理学者、时事评论员丁兆林。有请，兆林。

兆林，你好。一句话表明观点。

丁：高考制度、户口制度，的确是有缺陷的，但是，用比户口制度**更大**缺陷的学籍制度来解决户口制度，就**相当于**给危在旦夕的心脏病人吃一片止痛药，来解决心脏病。不靠谱，**没有**到时机。

主：好。谢谢，谢谢，谢谢。请就位。好每个人两分钟阐述时间，红方先请。

曹：全国随迁子女2 700万，全国留守儿童5 800万，**两者**相加就是**上亿**的人口。

上亿的孩子背后是上亿个家庭，**上亿**个家庭足以影响一个社会的和谐。

刚才，蓝方一直在强调社会的稳定，如果上亿的家庭都对我们的制度说了"不"，但是我们制度依然在人为设障的话，那么这种制度，无论是学籍制度，还是户籍制度，都应该打破。

我刚才说，给别人开一扇窗，就等于给自己开一扇门。

其实这个人不是别人，是你自己。

也不是你给不给别人开窗的问题，而是这个窗本来就属于他，但是由于为了呵护自己的利益，无论是城市的利益，还是城市中一部分提前拥有了户籍者的利益，这样的一扇窗，他迟迟不愿意给，不愿意还给他原来的主人，

这说明了什么？这说明只是在考虑自己的利益，而绝不是在考虑全社会的利益。

主：嗯，谢谢，保印。谢谢，谢谢。兆林，两分钟，开始。

丁：非常简单。

谁是全社会？我这里需要，还是一个非常小的故事，讲给刚才的小年轻、年轻人。

你非常地幸运，你有一个非常优秀的母亲，你能够来到北京，甚至你的父母能够在你的现场，在对话现场来为你争夺权益。

我也认识一个人，他非常地，跟你完全不一样。

他的母亲是一个文盲，没有文化，也没有工作。

他的父母真的没有办法来给他争夺权益。

他只在一个新疆一个沙漠地区的小小的绿洲生活。

后来他很幸运，因为当地有招生的名额，他考到了北京。

后来这个孩子在北京上学之后，又上了哈佛。

那么后来这个孩子又在中国最有名的大学、大学里教书，清华大学教书。

我说的这个人是我自己。

那我们在现场，我们能够很幸运，能够代表这些到北京来读书的人为他们争夺权益。

就算下来的确是有很多人，但是可能我们忘了，您知道还有多少人，他们来不了这个演播室。

跟你一样聪明，跟你一样优秀的孩子，他们真的来不了，他们的父母没有办法给他提供这样一个机会。

还有很多很多的人，来自这些边远的地方。

什么是社会，这个社会真的不仅仅是你自己。

就是假如说我们认为只要给我自己带来了公平，这个社会就是公平的话，那么我相信，你一定干不过那样的人。

我在清华大学的总裁班里曾经做过一个统计，60个人的班里，有十几个老总。

他们的孩子，全在北京最优秀的学校里，他们的孩子都是上百万能够拿过来的，您干得过吗？

如果是这样的话，那么我们现在实际上是给更少数的人以更不利的条件。

我们如果现在用这种更有问题的一个学籍制度来代替这个户口制度的话，你会发现最后产生的结果就会是我们认可了一个非常可悲的结果，就是北京大学是北京人的大学，复旦大学是上海人的大学，中山大学是广州人的大学。

主：好，谢谢，谢谢兆林这个感人的自己的故事。感谢，感谢，感谢。

嗯，我知道他讲出这个自己的故事，不是为了炫耀，而是想说明很多问题。

这样，我们看来一个小片，看完小片之后，自由辩论。一起来看。

小片：北京现有120万中小学生，而父母在北京工作的适龄随迁子女就有90万。这90万儿童的父母为所在的城市工作，有的还为城市贡献了大量的税收。高考的限制极大地摧折了他们和家人的幸福，许多学生甚至因此转而选择出国留学。

随着中国人口的进一步流动，中国异地就学高中生问题的影响不断扩大。

有人疾呼，实行异地高考是大势所趋，而且刻不容缓。

但也有人认为，异地高考牵一发而动全身，涉及全国数亿人口。

在波及如此广泛的问题上进行激进的改革会导致更多、更严重的问题。

现在是不是放开异地高考的好时机呢？

主：现在是不是时机的问题，可能考虑到这个时机，我们会说到经济发展的不平衡，教育发展的不平衡，等等发展的不平衡。

嗯，刚才兆林兄讲的这个故事，其实也确确实实让我们现场很多人陷入了一种思考。

就是如果有条件到大城市生活、工作的家庭，带着孩子来了，那那些没条件的人，会不会给他们的是更多的不公平，是吧。

好，进入自由辩论。保印的回应。

曹：时机其实早就到了。应该在改革开放的那一年都应该到来，但是它迟到了30多年。

如果在30多年前都能够到来的话，今天站在我们现场的清华大学的教授不止是丁兆林一个人。

刚才诸位说了非常多的公平，什么才叫公平？只有让家庭，让这个屋檐下的这个细胞，能够感觉到这个国家给它的温暖，他才会说：我爱你，中国。

丁：但是我想知道的是，如果我们仅仅是针对少数人，这毕竟有一个多数人和少数人的区别。

的确我们今天能够来到现场的人，**的确**是少数人，还有**更多**的人他们来不了现场。

谭：我的孩子呢就要2014年要高考，**我相信**不止是我一个母亲在着急。

我们在场的就有十几个母亲、父母，还有我们现在全国这个人数在这儿，2 700万的（流动人口）随迁子女，5 800万的留守儿童，近**1个亿**。

这么大的一个人群基数在这儿，难道不紧迫吗？

曹：在上一节，朱煦老师一直在强调，你那都是一个一个的个案，

没有这一个一个的个案，何以组成现象，

如果没有一个一个的个人，何以组成社会，

我们必须要满足每一个人，让每一个人都能达到权利平等。

主：保印，我想问你，你说的这一切的一切都可以通过改革**学籍**来达到目标吗？

曹：学籍仅仅是一个开始，

我要告诉对方什么叫作学籍，

学籍，学籍，就是他**连续上学**的一个记录，**这才叫**真正的学籍。

如果你说，你的学籍**必须要**和你的户籍挂钩起来，才叫学籍，**这叫**学籍吗？

王：我们高考移民以后会有更多的人，他们会**更加**悲惨。他们面临更大的就业。

主：保印，咱们听听海涛说，听听海涛说，你的**最大**的担心会是什么，来。

王：我的**最大**的担心就是说，我们首先我们要问的一个问题，我们要的是**小部分**的公平，还是全整个**中国公民**的公平。

我也接触**大量**的总裁老板，他们**愿意**花很多很多钱，甚至是几百万，他说**只要**你能帮我把这事做成，我们都愿意来投。

那这样的话，大多数，我们说农民工这些孩子，他们的不是在北京没有高考机会，就连**上学**机会都没有了。

（对啊），因为**大量**的学校名额，（这合理吗），这就导致你所说的学籍来代替户籍带来的不公平。

丁：我们要解决这个问题的时候，你必须搞清楚它的**实质**在哪里。

北京的名额为什么不能够分给新疆、西藏、青海这样的地方？

另外，北京的老师，**为什么就不能**到新疆、西藏、青海这样的地方去？

那么，现在我们看我们考虑的这样一个问题是，就是**的的确确**在北京形成了这样一个洼地。

我们说，噢，**只要你来到**北京，你就可以享受北京这个、这样的一个优势的**资源**。

这种这是一个很悲催的前提，就是说，我们**认可了****这种**不公平是应该存在的。

我们**真正应该**解决的是这种不公平。

应该让**所有人**知道，北京大学绝不是北京人的大学，复旦大学绝不是上海人的大学，

主：媒体观察团有什么样的问题吗？

观察团：我想问一下各位专家，假如你们都觉得现在时机不成熟的话，

那么我想斗胆问一下，**什么时候**才时机成熟？假如说你们认为学籍跟户籍是捆绑在一起，户籍在没有变的时候，学籍是不能变的话，

假定户籍制度一直不变，那么是不是让孩子**永远**等下去？**一代一代**等下去，永无休止。

朱：我也想我们今天出去，明天就是我们国家就出一个多少部委联合起来。

我非常想，**非常**非常非常想。

对吧，中国的所有行政区划分两类，欠发达地区和其余地区。

欠发达地区**依然**保留现在的户籍建制，倾斜名额，保护这个地区的考生，解决了刚才丁老师所讲的（发达）不发达地区的问题。

剩下的所有的地区，**不管**你是北上广，还是高考大省，**统统**按当年实际报考人数，按照**各学校**的每个地区的（这个）进行就是名额的**平均**分配。 注意，是名额的平均分配。

其实在**这个**时候，分省也没有问题了。

分省考一点都没有问题。

因为它**投放**是平均的，就解决了。

那么到了**那个**时候，其实**教材**、**教法**，它统统都在发生变化。

你在哪里考，考上的难度没有太大的差异。

这时候家长他就不用去**犹豫**，就是说是孩子在身边读，还是在孩子分开读。

郭：我们刚才看到短片也能看得到一个很**重要**的危机，就是说出国人员的低龄化问题。

因为国外才能给这些孩子们以希望和机会。

那如果是**这样**的话，那我们就要反思一下，是不是我们现在这个改革应该**跟上**我们现在这个经济的发展和人口素质的提升？

曹：每年出国上大学的孩子数以**十万**计，

有一些孩子是主动出去的，家长有钱，

有些孩子是**被迫**出去的，因为他们**没有**办法在所在地参加高考。

那么，我另外想补充的一点，就是什么呢，民间已经开始拿出如此详尽的数据，我们民间的呼声认为时机已经成熟。**可是**政府说，时机依然不成熟，依然不成熟，那么**什么**时候才能够成熟。

丁：我们作为一个政策，这个政策要影响整个社会。

一个政策的确是有人能够从中获益，但是你记住，一个政策也**一样**，有人会受

到它的影响。

王：我们**不是不认同**，我们说这帮孩子问题不需要解决，而我们说有没有**更好**的方法，我们**一起去**，全中国人民一起去努力，（对），跟政府去沟通，（对，更好的方法），然后，**更好**的方法，

曹：政府部门可以等，孩子**能**等吗！**等不起**！

丁：那**些**边远的地区，他们能等吗？他们也等不起啊。

主：谢谢。不是等的问题，不是等的问题，是有一些事情出现，或者说我们心里有一个永远**不变**的一个**定律**，就是**任何**事情其实都在变。

今天红蓝双方辩论得**如此**之火爆，交锋**如此**之热烈，台下的反响**如此**之强烈，那是因为我们知道，我们**不能**不变，我们**不能**不改。

而**蓝方**的呼声恰恰告诉我们，改的时候需要冷静。

我知道台下现在还有举牌的，还有举手的，你们**有很多话**想跟我们说，想在镜头前说给全国的人民听。

这个时候用你们手中的表决器来表达你们的意见吧。好吗？三、二、一。请按键。

好。现在结果已经出来了。咱们先看看这第二轮的辩论，以**学籍**为标准，开放异地高考，**时机**到了吗？请看大屏幕。

好支持红方的认为时机已到**54%**，好，恭喜红方又下一城。

那么**两轮累计**的结果，虽然我们都已经**猜**到了，但是看一眼最终的数字。

请看，恭喜红方 61% 胜出。

红方三位嘉宾每人获得金立智能手机一部。

同时呢现场发言的观众，每人也有机会获得金立智能手机一部。恭喜大家。

嗯，我们今天探讨的是一个改革的问题，嗯，学籍改革的问题。

嗯，不管怎么说，改总是没有错误的。

但是我们一直在探讨的是如何冷静地**分析**我们改革的方案。

那么这件民间的方案呢已经向社会公之于众，我们也知道最终一定会有一个结果。

但不管结果是什么，我们相信每一个人也**期盼**知道这个**结果**的原因。

好，这就是今天的《对手》。我是王凯，再见。

附录（二）
攻读学位期间取得的科研成果

1. 章礼霞，李大勤. 基于实证的信息单位对话性研究 [J]. 当代修辞学，2013（1）.
2. 章礼霞，李大勤. 辩论性节目中嘉宾与主持人的重音实证分析 [J]. 现代传播，2013（3）.
3. 章礼霞. 对比：重音词语突显的基本方式 [J]. 天津外国语大学学报，2013（3）.

附录（三）
Abstract in English

Accent is the syllable or syllables with relative emphasis in pronunciation that may sound more prominent than others primarily through the pitch, tone length and sound intensity when compared to the other words in the sentence. This dissertation focuses on studying sentential accent that is closely related to the expression of meaning and emotions.

Studies of sentential accent have been carried out in the fields of linguistics, acoustics, broadcasting, psychology, computer speech synthesis, etc. With the idea of interdisciplinary mutual enlightenment and improvement, this dissertation is based on a macro-pragmatic perspective, borrowing the discoursal view of accent from broadcasting, and describing and interpreting sentential accents in natural discourse with the use of phonetic empirical methods. The theories referred to include predication structure theory, conversational implicature theory, relevance theory, cognitive processing theory, subjectivity of language, and redundant nature of language, etc. We put forward personal views on the following five aspects: the distribution of accent, the function of accent, the nature of accent, the degree of accent, and the basic highlighting way of accented words.

The distribution of accent is a broadly explored issue both at home and abroad, and among other things, " the last being the strongest " rule is a well established consensus. But this rule applies only to the basic structures like SVO, and it cannot explain " the top being accented " phenomenon in additional structures like attribute or adverbial structures. In our research, we include semantic structure in consideration and propose " Predicate accent ", integrating the phenomenon of " the top being accented " in additional structures into the uniform rule of " the last being the strongest " at the semantic level. And through the inner correlation of cognition, pragmatics, semantics, syntax and rhythm, this dissertation explains corresponding motivations of the uniform accent distribution rule at different levels of predication structure.

The exploration of the function of accent is the focal point of this dissertation. The originality of this part lies in that we have borrowed the macroscopic perspective of discourse from broadcasting, conducted empirical analysis of real discourse, and interpreted the accent phenomena described from the perspective of cognitive pragmatics. Our empirical studies on the selected corpus show that in a discourse with a complete semantic structure, all accents serve for the general intention of the speaker from different dimensions or levels. From the perspective of cognitive pragmatics, the reason is that the fundamental purpose of communication between human beings is intention-oriented. Intentions are hierarchical and have to be inferred. Accent is a kind of procedural code that helps a speaker efficiently express his/her thoughts and feelings and guides listeners to accurately and quickly grasp the intention of the speaker.

As to the nature of accent, we focus on the representative and redundant aspects of accent. The representative nature of accent is related to the idea of focus. In several kinds of mark form of focus, accent is the most basic and common form of highlighting. Focus is a concentrated expression of a speaker's intentions in the utterance and features much of subjectivity. Characteristics related to a speaker's subjectivity are called the redundancy of language. The redundancy of accent lies in that it is beyond the minimum requirement of clear hearing, and the extra volume is used to express the speaker's intentions or moods and arouse listeners' special attention.

Based on the representative and redundant nature of accent, the dissertation has explored the degree of accent and the way of highlighting. We choose a relatively macroscopic point of view and study the relationship between the intensity of accent and the degree of subjectivity. Empirical analysis shows that the kinds of words and sentences carrying more of speaker subjectivity tend to be higher in accenting probability and accent intensity, i.e., more redundant in speech sounds. In short, the findings show that the subjective degree of focal information is positively correlated to the redundant degree of its phonetic realization.

As to the highlighting way of accented words, we suppose contrasting as its basic form. Our viewpoint is based on the coextensive nature of accented words and focal words assumed in this dissertation. We first discuss the contrastive nature of focus from semantic perspective, and project this contrastive nature on accented words. Focal information is information made prominent, and prominence is based on contrast, so the prominent feature of focus engenders all foci contrastive. The ways of contrasting include contrasts in or out of a text, overt or covert contrasts, etc. By projecting the contrastive nature of focus on accented words, we have managed to prove that all accented words are contrastive, with contrast being the basic way of highlighting.

致　　谢

本书由博士论文修改而成。在我40多岁的年纪能够完成博士学位论文，心里除了欣喜，还是欣喜。社会上流传着"男人、女人、女博士"的分类法，将女博士视为异类人。我的读博经历则显示，在修博士学位课程及完成学位论文的这几年中，是人生中相对而言心理状态最正常、负面情绪最少的一段岁月。对于一般人来说，博士论文是一个需要潜心投入的大工程，我这个高龄者当然更不例外。学习的兴奋感和写论文的紧迫感使得我没有时间和闲心去关注生活中的不如意和小烦恼，所以每天更多感受到的是忙碌带来的充实感、成就感和忙碌之后的放松感。

读博是我人生的一个高峰，现在快要到达峰顶部分，我对于那些给我登峰机会、帮我不断攀登的老师、学友和家人要表达深深的感激之情。因为你们的支持，我的博士生活才如此充实和愉快。

首先最应该感谢我的导师李大勤教授。李老师是个有着坚定的学术信念、宽阔的学术视野和严谨的学术态度的学者，在汉语语言本体研究、语用学、对外汉语教学等方面都有坚实的理论功底和独到的个人见解，在学生培养上也付出超常的心血。因为我个人非汉语专业背景的原因，对于汉语语法研究没有足够的底气与自信，李老师就因材施教，根据个人情况让我选择了现在的研究课题，从语用视角研究汉语语句重音现象。李老师以他广博的专业知识和严谨的治学态度在宏观和微观层面指导我整个的学习和研究过程。他的理论语言学、语用学、汉语生成语法专题、语义学、汉语作为第二语言教学、认知语言学等课程帮助我拓宽了理论视野，加深了对汉语语言现象的理性认识，为完成论文储备了基本的理论知识。在选题和写作过程中，李老师不断地对我予以精神上的鼓励和学术上的引导；同时在细节上也严格要求，包括每篇小论文在语言陈述的得体性、格式的正确性、观点的鲜明性和突出性等方面，李老师都是不厌其烦地认真指导与修改。得益于老师的恰当指点，我在论文写作过程中有三篇相关论文得以在核心期刊或专业期刊上发表，这些反过来也一定程度上增强了我对所研究课题的认识与信心。李老师高屋建瓴的、耐心的指导对于我拓宽论文研究视野、加大论文研究深度起到了至关重要的作用，所以，我非常感激李老师给我提供的读博的平台以及读博过程中所付出的培养心血。如果这篇论文能具有些微的学术价值，那都是在导师的正确引导下取得的；而论文中的缺陷和谬误全要归因于我个人能力和努力上的不足。

接下来要衷心感谢中国传媒大学研究生院对博士课程的精心安排。我个人非常喜欢这些课程的广博性、专业性、前沿性和权威性。通过聆听不同领域内专家的讲座式授课，我在心灵成长及知识更新等方面都获益匪浅。就语言学领域来说，学校安排了校内外的知名专家教授如刘丹青、沈家煊、方梅、戴庆厦、陈章太、冯志伟、宁春岩、李大勤、邢欣、侯敏等就汉语本体研究、民族语言学、国家语言规划、生成语言学、计算语言学、论文写作方法等方面做了最前沿的学术讲座，这些都对我论文的选题及完成起到了积极的启发和引领作用。另外，还要感谢李佐文教授、邢欣教授、赵雪教授、侯亚光副教授等在我论文开题时所给予的积极的指导和建议。我从这些老师身上感受到严谨的治学态度与钻研创新的精神。

求学期间与同年级、同专业、同门师兄妹们也相处非常愉快融洽。我的两位师兄吕佳、张天伟实际上比我小一轮不止，我们，还有我的同年师妹薛枝，经常在一起听导师授课、讨论问题，既启发了思维，也增进了友情。另外，也感谢同专业程南昌同学在语音软件操作方面给予的帮助，感谢班长崔乐同学的热情相助。感谢读博期间认识的所有同学，我非常珍视和享受与你们之间的友谊。还要感谢中央电视台的安徽老乡刘洪和中国矿业大学的同事杜光明，他们帮我找到了较为理想的可操作的语音分析材料。

对我工作的中国矿业大学外文学院的领导和同事们也要表示感谢。在我回校完成论文期间，院里领导和同事对我照顾有加，减免了不少工作量，使我得以有足够的精力和时间按时完成论文。

最后感谢家人对我求学的支持。我的丈夫欧村和儿子欧阳林晖不仅承担了大部分的家务活，而且还力所能及地帮我做了一些语料整理工作。这对于我来说，在身心方面都得到了极大的安慰。

正是由于以上老师、学友、同事、家人的支持，我才能顺利完成这篇大论文，也才能在三年时间里一直保持积极、正面的心理状态。谢谢所有对我友善的人们！

章礼霞

2014年8月